A ✱✱✱

QUELQUES IDÉES

PAR MOB

PREMIÈRE SÉRIE

Prix : 1 Franc

SEPTEMBRE 1893

A ***

QUELQUES IDÉES

PAR MOB

PREMIÈRE SÉRIE

Prix : 1 Franc

SEPTEMBRE 1893

QUELQUES IDÉES

———✦———

Vous désirez que je reprenne par écrit les quelques idées qui ont fait le sujet d'un certain nombre de nos entretiens, en leur donnant quelque développement et en y en ajoutant quelques autres. Vous croyez que la diffusion de ces idées pourrait produire quelque bien, ce qui me paraît difficile à admettre, parce que d'abord il faudrait être lu ; pour cela, il faut un nom connu, être dans le courant des idées reçues, savoir donner à son œuvre un certain relief, en un mot forcer l'attention de gens tout à leurs plaisirs ou à leurs calculs. Or, je suis profondément obscur ; je voudrais faire du bien par tous les moyens dont je puis disposer, mais je me sens paralysé par l'idée d'écrire pour des personnes qui ne me liront pas ou, si elles en font l'essai, jetteront aussitôt ces feuilles de côté dès les premières lignes. Que leur importe ?

Vous, au contraire, je sais que vous me lirez, et même avec un certain intérêt, et dès lors j'écris pour vous.

L'indifférence pour les idées est un des caractères de notre époque : on reçoit une formule toute faite, et on la répète indéfiniment sans avoir cherché à comprendre quel en est le vrai sens, ni même si elle en comporte un, et cela se présente, non seulement chez le vulgaire, mais encore chez la plupart de ceux qui se piquent de culture intellectuelle. Ainsi, combien de fois a-t-on dit et répété, même dans des ouvrages destinés à former l'intelligence et le jugement des jeunes gens, que: *la ligne droite est le plus court chemin d'un point à un autre?* Ce qui n'a que le défaut de n'être pas toujours vrai; car, sur une sphère, ce plus court chemin est un arc de grand cercle. Et puis qu'appelez-vous *plus court chemin?* A quoi l'on peut répondre, il est vrai : *c'est la ligne droite.* Mais, quand un ouvrier ou un dessinateur veut s'assurer que sa règle est droite, cherche-t-il si, entre deux points donnés, elle va tracer le plus court chemin? Non : il place la règle dans la direction de son rayon visuel, et reconnaît ainsi la rectitude ou la déviation de son instrument.

Il semble donc rigoureusement logique de donner cette définition : *la ligne droite est celle en un point de laquelle l'œil, étant placé et le rayon visuel dirigé selon cette ligne, l'œil ne perçoit qu'un point.* Cela est net, clair et précis ; mais il fallait y penser; on avait une formule, à quoi bon chercher quelle en était au vrai la signification? cela suffisait et épargnait un petit travail de l'intelligence.

Combien de mots employés et reçus sont ainsi vide de sens? Il ne faut donc pas craindre de revoir les vieilles formules, quelles qu'elles soient, sans trop tenir compte des autorités qui les ont mises en circulation ; personne n'est infaillible, et le progrès, qui nous pousse sans cesse, à notre insu, fait que ce qui était une vérité hier est aujourd'hui l'erreur; il n'y a donc qu'une autorité vraie : la science; et c'est ici que nous pouvons remarquer que l'erreur est la condition de la vérité, de la science. Si l'esprit n'avait pas la notion de l'erreur, l'homme vivrait dans une quiétude absolue et ne chercherait pas à en sortir, à savoir. C'est le doute seul qui l'excite et produit cette heureuse et féconde curiosité qui lui fait scruter toutes choses jusqu'à ce qu'il soit satisfait et se repose sur une vérité conquise.

La science est la connaissance de l'ensemble de ces vérités, elle a pour objet tout ce qui est en rapport avec nous quel que soit ce rapport qui s'établit, pour les objets externes, par nos sens ; pour tous les phénomènes internes, par un sens particulier que nous appellerons *conscience*.

Il est bien clair que nos rapports extérieurs étant fondés sur les données fournies par les organes, ils dépendent du bon fonctionnement de ces organes ; les sensations sont transmises par eux à un centre qui les reçoit, examine, juge et se fait ainsi une opinion fixe, rejetant ce qui lui paraît faux et gardant ce qu'il croit vrai ; nous portons donc en nous un critérium qui fait loi pour nous, la conscience, mais qui n'en est pas moins faillible, puisque l'on n'a pas encore vu deux esprits en conformité absolue de jugement sur un même fait. Ce qui vient corroborer cette idée que l'erreur a un rôle nécessaire et existe forcément en tout ; car à toute affirmation répond une négation.

Nous pouvons dire que l'erreur est à la vérité ce que l'ombre est à la lumière ; en effet, c'est l'ombre seule qui fait valoir la lumière et donne du relief aux parties éclairées ; la plus belle statue, lorsque vous l'aurez mise de toute part en pleine lumière, ne vous paraîtra plus qu'un bloc ayant encore les apparences d'une forme, mais vague, générale sans pouvoir être particularisée nettement dans aucune de ses parties ; c'est en étudiant les erreurs dans les tables de la planète *Uranus* que l'on est arrivé à la découverte de *Neptune* ; l'erreur a été ici le mobile qui a mené à une vérité.

Qu'est-ce donc que la vérité ? Nous ne parlerons pas

encore de la vérité absolue qui est l'ensemble de toutes les vérités, mais seulement des vérités partielles qui se détachent comme des points lumineux isolés sur le fond sombre de l'erreur.

On peut dire, je crois, qu'une vérité est un fait, car le fait seul existe d'une façon indéniable. Nous pouvons donc admettre qu'une vérité doit son caractère à son existence comme fait, à condition que nous ayons la certitude de cette existence, car si elle n'est pas démontrée, ce n'est plus qu'une existence hypothétique ; le fait n'existe plus certainement, et nous pouvons être dans l'erreur.

Remarquons, dès à présent, que cette tendance de l'homme à aller toujours à la recherche d'une nouvelle vérité implique la conviction qu'il ne possède pas l'ensemble de ces vérités dont est formée la vérité totale ou absolue et que, par suite, nous devons admettre aussi une somme totale, absolue de tous les faits, ou plutôt de toutes les existences possibles.

Aussi loin que nous puissions remonter dans l'histoire de l'humanité, nous voyons la science tenter l'esprit humain, qui se lance à sa poursuite sans hésitation, à la condition d'avoir le loisir nécessaire ; mais là, comme en tout, il faut un point d'appui immuable, et avant de l'avoir trouvé, nos ancêtres ont erré ; certains ont déclaré l'avoir trouvé, et malheureusement les hommes, trop occupés par les besoins journaliers de l'existence, incapables de contrôle, ont ajouté foi à leur assertion et leur ont accordé une autorité dont ils se sont servi pour s'opposer au développement de l'intelligence par l'étude et l'observation, dont ils voulaient le monopole, et réduire les hommes à une infériorité intellectuelle d'où est sorti l'esclavage moral, en même temps que leur puissance et leur richesse par l'exploitation sans scrupules de tout ce qu'il y avait de bon et de

confiant dans le cœur des autres. Car, à toute époque,
on retrouve dans l'homme ce sentiment que l'on a appelé
religieux produit par la foi à l'existence d'un être,
auteur de toutes choses, dont il admettait le suprême
domaine sur son être même, et dont il croyait pouvoir
attendre le bonheur. De là un sentiment de dépendance
absolue chez le plus grand nombre, et chez quelques
uns où dominaient la cupidité, la paresse et la ruse,
une volonté d'exploiter ce sentiment. C'est là l'origine
des castes ; dès le commencement, la lutte a existé
entre les premiers groupes d'hommes pour la possession
de ce qu'ils jugeaient désirable, et l'on voit apparaître des
chefs militaires én même temps que des chefs d'un
autre ordre qui se donnent audacieusement comme les
mandataires de la Divinité. Ces deux influences se
prêtent d'abord mutuellement appui, et les chefs militaires, usant des forces dont ils disposent, se font
admettre parmi ces mandataires où ils arrivent par la
suite à dominer au premier rang sans opposition. Nous
voyons ainsi, chez les Egyptiens, les Pharaons, prêtres
suprêmes en même temps que rois absolus, arriver à
s'imposer comme fils des dieux qu'ils adorent et parmi
lesquels ils sont rangés, même de leur vivant, entassant
dans les temples des richesses qu'ils vouent aux dieux,
mais qui ne cessent pas d'être à leur disposition selon
leurs besoins.

Au-dessous de ces castes qui nagent dans la surabon-
dance et le luxe, le peuple travaille pour produire toutes
ces richesses ; on donne son sang pour les conquérir.
On lui signifie les volontés des dieux, il n'a qu'à cour-
ber la tête et à obéir à cette association de la théocratie
et de l'aristocratie ; ce sentiment naturel de respect et
de confiance est devenu l'instrument de sa servitude.

On ne peut nier que l'homme porte en soi, naturellement, l'idée d'une puissance créatrice à qui, selon le

temps et les régions, on a donné des noms divers, mais à qui l'on attribue, vis-à-vis du peuple, les sentiments des hommes qui se sont constitués ses représentants, et Dieu a été représenté avec toutes leurs passions et toutes leurs violences, d'où l'on peut induire que l'athéisme n'est qu'un produit de l'imagination résultant du besoin de trouver un moyen moral de soustraire celui qui en fait profession à la domination du prétendu représentant de Dieu. Ce n'est que la négation absolue de cette autorité. On a donc rejeté Dieu ; mais, forcés par l'évidence, il a fallu mettre à sa place sa création elle-même, la nature ; mais qu'importe ? on n'admet pas moins une cause première de tout ce qui existe, un créateur ; nous lui conserverons le nom de Dieu, et, pour nous, il est la force qui a tout créé ; nous ne le connaissons qu'à ce titre. Il ne doit donc son existence à aucun autre être ; il est la vie source de toute vie, la cause qui contient tous les effets et par conséquent la science et la vérité absolues, c'est probablement en conséquence de cette manière de voir que l'homme a été conduit à chercher en soi-même quelque notion sur cette cause.

Car nous sentons en nous-mêmes une cause agissante qui a plusieurs modes d'action sans que nous puissions rien dire d'absolu sur ces modes que l'on divise en physiologiques, s'appliquant au développement et à la conservation de nos organes, et en psychologiques qui s'appliquent au développement et à la conservation du centre de nos facultés intellectuelles et morales. Cette cause agissante, nous sentons bien qu'elle est une et indivisible, mais nous ne saurions dire si elle occupe tout l'ensemble de nos organes ou simplement un centre, ni quelle est sa relation avec ces organes, tout en reconnaissant qu'ils sont, normalement, soumis à son action ; nous sentons qu'il en existe une, mais voilà tout. Et comme nous reconnaissons qu'elle est distincte de nos organes, on l'a désignée, en disant qu'elle est de nature spirituelle : l'âme, le *moi*; et les organes sont la matière.

On a cru voir là une analogie entre l'âme et Dieu, l'univers et notre corps, et on a dit que Dieu est l'âme de l'univers pour exprimer son action sur la création.

De ce que notre raison nous impose que Dieu n'a pas eu de commencement et qu'il est par conséquent la vie absolue, il en résulte qu'il n'aura point de fin, ce qui serait contradictoire avec cette pleine possession de la vie ; il n'y a donc pour lui ni passé ni avenir, car le passé, c'est une portion de la vie qui n'est plus en notre possession, et l'avenir l'autre partie qui ne nous appartient pas encore ; cette vie, toute présente, c'est ce que nous appelons l'Eternité. Notre vie à nous, c'est de sentir que l'avenir qui n'est pas encore à nous devient le passé qui ne nous appartient plus; ce n'est donc pas la vie à proprement parler, mais comme un simple écoulement de vie.

Dieu étant et ne pouvant être pour nous que la cause première de tout, renferme en cette qualité tous les effets qui se sont successivement produits, jouant, à l'égard les uns des autres, le rôle de causes secondes, et, dans cette succession d'effets, il y a réellement des faits antérieurs les uns aux autres, mais c'est par l'ensemble de tous ces effets que la cause est cause; tous les effets sont issus d'elle ou plutôt sont en elle, car s'ils cessaient un moment d'être en elle, la relation de cause à effet serait rompue, et la cause, en ce point, ne serait plus cause de cet effet qui ne dépendrait plus d'elle.

C'est ici que l'on sent toute l'insuffisance de la langue et de l'intelligence, en face de ces grands problèmes, de ces grandes idées ; mais ma raison me dit qu'elles sont vraies, et j'essaie de vous les exposer convenablement.

La conclusion c'est que, dans les effets considérés par rapport à eux-mêmes, il y a succession ; par rapport à la cause, il n'y a que co-existence.

Dieu est indivisible et, par conséquent, il n'occupe aucun point de ce que nous appelons l'espace, pas plus que la totalité de l'espace, et l'on peut dire que Dieu n'est nulle part et qu'il n'a pas d'autre lieu que lui-même. Cela dépasse de beaucoup notre intelligence, mais lui est imposé par notre raison dont nous connaissons, d'une science certaine, l'existence par un regard jeté en nous-mêmes.

Mais si notre âme a ce pouvoir de s'examiner elle-même, de se rendre compte par là de sa propre existence et de sa personnalité, de s'affirmer parce qu'elle se sent vivre, nous ne pouvons raisonnablement dénier le même pouvoir à Dieu ; Dieu doit avoir conscience de sa propre existence, sous peine de ne pas exister en vérité. Il est donc à la fois subjectif et objectif ; et puisqu'il est, dans ces deux points de vue, identique à lui-même, le subjectif et l'objectif sont identiques. Or, nous ne pouvons refuser à Dieu d'avoir créé, avec intelligence et volonté, ce qui constitue la personnalité ; si donc, le subjectif est une personne ayant son intelligence, sa volonté et sa raison, il en est de même de l'objectif qui est nécessairement aussi une personne identique dans sa substance et ses facultés au subjectif. Or, de cet examen de l'objectif par le subjectif, il résulte, pour celui-ci, une connaissance de lui-même objectif qui, pour être exacte, doit être identique à l'objectif, et par conséquent une personne, et, par cette connaissance, la relation des deux premières personnes se trouve épuisée par la perception de ce rapport d'identité.

On peut et l'on doit donc dire que Dieu est nécessairement une trinité, et que c'est là une condition de son être, une de ses propriétés essentielles. Trinité de personnes, unité de substance, voilà donc une vérité qui est acquise. On pourrait prétendre, en faisant un raisonnement analogue, que chaque personne est elle-même une trinité, mais ce serait absurde, car chacune d'elle ne peut trouver en elle que la substance *une* qui les constitue, et, par conséquent, les autres personnes elles-mêmes.

On a beaucoup discuté sur l'acte de la création et on en est même venu à le nier parce que, dit-on, la création étant un acte, suppose forcément deux termes et un rapport; autrement dit, il aurait fallu, l'un des termes étant le créateur, qu'il existât un second terme antérieur à toute création sur lequel se fût exercé ce créateur; c'est une absurdité évidente; car, alors, quel rapport peut-il y avoir entre ces deux termes, et comment l'un pourra-t-il subordonner l'autre, s'ils sont indépendants l'un de l'autre?

Nous ne connaissons Dieu que comme créateur, donc il a créé. Comment? Pourquoi? Ces questions paraissent d'abord tout à fait en dehors de notre portée, mais elles n'ont cessé de solliciter l'esprit de l'homme qui a essayé bien des solutions qu'il a fallu rejeter les unes après les autres. Essayons de nous en faire une idée, sans rien affirmer; à titre de simple hypothèse : la chimie semble indiquer, et quelques chimistes, non des moins éminents, penchent à admettre que tous les corps dérivent d'un seul élément qui, par des états différents, d'agrégation probablement, se présente à nous avec des propriétés différentes et produit cette diversité que nous trouvons dans les corps que nous appelons *simples*, uniquement parce que nous sommes dans l'impossibilité de les décomposer.

Pourquoi ne ferions-nous pas un pas plus en avant en considérant cet élément primordial qui ne répugne pas à la raison, non plus comme un atome matériel, mais comme une force élémentaire? Car le Créateur, c'est la force créatrice, et si cette force a créé ce que nous avons appelé la matière, il y a un rapport de dépendance de la matière à la force créatrice et non cet antagonisme que l'on a toujours mis en avant. Est-il donc déraisonnable d'admettre que Dieu, voulant donner une forme à son concept de l'Univers, a créé diverses forces qui, en s'unissant, se combinant, ont produit un résultat qui est la matière? Et, en effet, que faut-il pour constituer une forme ? Une force d'expansion qui la maintienne en l'empêchant de se réduire à un point géométrique et une force qui l'empêche de se désagréger et de se répandre ; de là l'impénétrabilité, l'inertie, l'attraction et, par suite, la pesanteur, etc. On peut objecter, il est vrai, que c'est là une pure abstraction de la forme ; mais on peut cependant ne pas repousser cette idée qu'une force donnée se combine avec une autre, d'où résulte une nouvelle force ayant des caractères particuliers, et qu'une série de combinaisons arrive à composer un produit qui ait toutes les propriétés que nous reconnaissons à ce que nous appelons la matière. Est-ce plus en dehors de notre entendement que de concevoir un élément primordial, unique, se combinant avec lui-même et avec ses combinaisons pour produire les corps simples qui, pour nous, deviennent l'oxygène, l'hydrogène, le soufre, le phosphore, le carbone, etc., sans que nous puissions, dans l'état actuel de la science, pousser plus loin nos investigations? Évidemment non ; et, si nous examinons certains faits, cette manière de voir pourra paraître plausible.

Prenons pour exemple l'homme lui-même ; tout le

monde sait qu'aussitôt produite la fécondation de
l'ovule, ainsi que chez tous les mammifères, il se produit un mouvement qui amène la substance contenue
dans cet ovule à un état de division extrême, en même
temps que son volume s'accroît, et ainsi se manifeste,
dès le premier instant, une force organisatrice résultant de la combinaison du spermatozoaire avec le
liquide contenu dans l'ovule, c'est-à-dire une force ou
combinaison de forces avec une autre force plus ou
moins composée ; cette force organisatrice continue
son action, et l'on voit d'abord un embryon fort analogue à celui d'un être très inférieur ; puis, toujours
sous l'action de cette force, l'embryon continue son
évolution, et, après avoir été celui d'une sorte d'huître
et passé par toute la série de l'animalité, arriver au
terme de son développement et produire enfin un être
humain. Remarquons que, sur le point d'arriver à ce
terme, le fœtus présente une queue parfaitement dé-
terminée, d'où l'on a trouvé un des motifs de conclure
que l'espèce simienne est l'avant-dernière station avant
l'humanité. Quoi qu'il en puisse être, l'enfant vient au
jour, et la force organisatrice, à laquelle il doit la
formation de son corps, continue son œuvre toujours la
même : amener tous les organes constitutifs de l'homme
à leur perfection. Ce qu'il y a de remarquable en ceci,
c'est que cette force organisatrice produite par l'union
de deux forces provenant de deux êtres organisés,
produit un organisme pareil aux organismes mis en
jeu ; et si parfois il en est autrement, il y a production de ce qu'on appelle un monstre qu'on peut, le
plus souvent, classer dans la série des animaux infé-
rieurs à l'homme, comme si cette force organisatrice,
arrivée à un point donné du développement, subissait un
arrêt par un obstacle inconnu, et avait continué le développement de la forme à laquelle elle était parvenue.

On peut concevoir que le premier effort de la force organisatrice primitive, appliquée au protoplasma, n'ait pas pu dépasser le type le plus inférieur de l'animalité ; que celui-ci, venant à progresser sous l'influence continue de cette force, les individus de cette catégorie aient été modifiés à la longue, de manière à arriver à la seconde forme, au second degré de l'animalité, et, ainsi de suite, par une modification que j'appellerai infinitésimale, jusqu'au point terminal que nous voyons aujourd'hui : l'humanité, en attendant que cette force, par son ascension continue vers son entier épanouissement, amène la race parfaite qui sera la dernière.

C'est une sorte d'échelle dont les échelons sont successivement une force et un organisme, qui n'est lui-même qu'un agrégat de forces, passant par les combinaisons qu'amène l'introduction de nouvelles forces, produit naturel des combinaisons successives de la force organisatrice et de cet agrégat continuellement modifié par elle.

Quoi qu'il en soit, voici l'homme apparu, constitué, mais au point de vue organique seulement. Cet organisme ne fonctionne pas, il ne voit ni n'entend, comme il est si facile de le constater ; il est même assez longtemps sans savoir qu'il y a des objets en dehors de lui, il ne s'en rend pas compte, au point qu'il ne sait même pas trouver le sein qui lui fournit son alimentation ; il faut souvent le lui mettre dans la bouche, et cependant la première impression qu'il éprouve résulte du besoin qu'il ressent d'emprunter hors de lui la substance d'où la force organisatrice va tirer son développement. Peu à peu, et avec peine, il apprend à voir et à entendre ; il sait tendre les mains directement vers l'objet qu'il désire, et il sait émettre quelques sons ; mais sa machine n'est pas encore au point, ses idées sont encore rares et confuses, mais il sait de bonne heure exprimer d'abord la douleur et plus tard la joie ; l'être intérieur est longtemps rudimentaire ; l'action des forces extérieures se fait sentir sur ses organes, qui, n'étant que des combinaisons de forces, vibrent à l'unisson en formant une nouvelle combinaison de forces qui ne seront plus des organes ; ils sont complets, mais un produit nouveau qui sera l'être intellectuel et moral, centre actif et passif des organes.

Rien ne s'oppose à ce que des forces produisent des forces, et l'on peut dire avec raison que le cerveau, agrégat de forces, produit la pensée, une autre force, sans que l'on puisse objecter ce gros mot de matérialisme qui n'a plus de prétexte d'être.

En tout cas, il n'en a jamais eu la raison, car, en définitive, la matière, quelle que soit son essence, est créée par Dieu, force créatrice personnelle ; si donc, la force, l'idée créatrice a créé la matière, pourquoi serait-il absurde de croire que cette matière peut à son tour, dans des conditions données, produire l'idée dont elle est un produit ?

Un de nos grands astronomes a dit avec raison que sans s'inquiéter si, en réalité, l'univers est régi par les lois de la gravitation, du moment que ces lois donnent la raison de tous les phénomènes connus et sont le plus parfait instrument pour arriver à ceux que l'on ne connaît pas, on doit s'en servir comme si la gravitation existait réellement. Pourquoi n'en serait-il pas de même dans l'ordre d'idées qui nous occupe ? Si cette idée de *matière combinaison de forces* nous donne la clef de tous ces mystères de la force et de la matière qui ont exercé tant d'esprits éminents, conduisant les uns à ce qu'on a appelé athéisme, et les autres au spiritualisme, pourquoi n'en pas faire usage ? Ne serait-ce pas déjà un grand résultat que d'avoir annulé cet antagonisme et permis, par là, à ces intelligences de tendre à un but commun plutôt que de se dépenser en luttes inutiles, parce qu'elles sont interminables.

Donc, voici l'homme en possession d'une organisation fonctionnant bien et soigneusement entretenue par la force qui a présidé à sa construction dès le début; tout est en jeu, les forces constituées vibrent sous des impulsions de toute nature, d'où résultent des combinaisons d'un ordre nouveau ; ce n'est plus la matière, mais l'entendement et tous ses développements en même temps que le centre dont il dérive, le siège de la Raison, ce *moi* qui constitue notre personnalité, à qui tout aboutit tant à l'actif qu'au passif. Puis vient le moment où la force organisatrice ne peut plus maintenir l'équilibre dans l'organisme et arrive la mort qui est la cessation de l'action de cette force. Dès lors, en vertu des lois posées par le Créateur, toutes se désunissent sous forme de corps simples, mais cette combinaison qui s'est formée par l'action de la force organisatrice sur l'organisme devenu complet, et n'est plus matière, qui, en un mot, constitue ce qu'on appelle le *moi*, la partie permanente de l'individu, n'étant plus du même ordre, ne se dissout pas ; elle est comme la perle que l'huitre a secrétée comme elle a secrété sa propre chair ; mais, la vie cessant, la chair se dissipe en ses éléments, et la perle subsiste. Ce moi est donc comme un nouveau-né, enfanté par la mort du corps matériel à une vie adaptée à sa nature, et il est tout simple d'arriver ainsi à l'immortalité de l'âme formée en nous par le jeu de nos organes, par les forces qu'y ont mis en vibration les circonstances extérieures parmi lesquelles il ne faut pas omettre l'éducation surtout intellectuelle.

Je ne vois pas ce qui pourrait empêcher d'examiner ces idées, car il n'y a là ni contradiction ni absurdité.

J'espère qu'elles seront discutées, éclaircies et déve-
loppées assez pour qu'on leur reconnaisse une base
solide. Une psychologie, essayée dans ces données,
fera voir que l'on s'explique ainsi toutes les facultés
du moi, la mémoire entr'autres ; plus besoin d'avoir
recours à l'impression physique de l'idée sur une
matière inconsciente ; un fait quelconque de l'ordre
physique ou intellectuel ou moral, en faisant vibrer
l'agrégat de force qui constitue le cerveau a produit une
combinaison spéciale de force qui subsiste ; notre volonté,
ou toute autre circonstance, vient à nouveau faire vibrer
cette combinaison spéciale et cette vibration retentit en
nous et reproduit pour nous les conditions dans lesquelles
ce fait s'est déjà produit à notre *moi* ; nous en avons ainsi
une nouvelle représentation ; de même des autres facultés, ce serait un travail spécial à entreprendre et qui, très
probablement, pour ne pas dire certainement, viendra
corroborer et établir, comme théorie irréfutable, ce
point de départ que l'idée de matière, telle qu'elle
a été conçue jusqu'ici, est complètement fausse, et
que ce que l'on a appelé matière n'a aucune existence
réelle.

De la croyance de l'homme à un pouvoir souverain
maître de tout l'univers et de tout ce qu'il renferme,
ainsi que du sentiment de sa faiblesse propre, sont
nées les religions en même temps qu'une idée de communauté, d'égalité dans l'humilité. C'est dans cet ordre
d'idées surtout que chacun sent le besoin d'être sou-
tenu et aidé par les autres, que nous sommes tous
hommes au même titre, c'est-à-dire rigoureusement
égaux du moins en tant que substance, mais non en
tant que développement des facultés. Nous avons vu
que le *moi*, de qui dépendent toutes ces facultés, peut
différer selon les circonstances qui ont contribué à le
former. Ainsi la médecine a pour but de ramener la

force organisatrice à son fonctionnement normal lorsqu'elle s'en est écartée ; elle produit à volonté l'hébé-
tement, la surexcitation, la folie, l'anesthésie, etc., ce qui
montre que le moi peut subir des actions violentes par
des substances qui ne sont qu'une force nouvelle intro-
duite dans un ensemble de force, comme je l'ai exposé.
Ne voyons-nous pas aussi naître des enfants dont on
dit avec vérité qu'ils n'ont pas la force de vivre ? qu'ils
n'ont pas de vie ? Le développement de leur moi et sa
constitution doivent nécessairement se ressentir de
cette infériorité primordiale, souvent héréditaire et il
est clair que les *moi* ne sont pas identiques; c'est que
certaines vibrations de forces extérieures ne sont pas
produites de la même manière ou ont fait défaut, puisque la force organisatrice elle-même, tout en étant
toujours identique à elle-même en tant que force, peut
varier en intensité, et les matériaux mis à sa portée
pour la constitution de l'individu peuvent être différents. On s'explique donc que chacun, étant différent
des autres, agisse d'une manière différente, conformément à sa propre constitution et ne puisse agir
autrement.

Peut-on, dès lors, déclarer qu'il est maître de ses
résolutions, qu'il a son libre arbitre, et le rendre res-
ponsable de ses actes ? Chacun, dit-on, se sent libre de
choisir ou même de s'abstenir ; c'est une illusion ;
quelle que soit la résolution adoptée, elle dépend d'un
choix, il y a un motif déterminant qui est nécessairement en raison de la constitution du *moi* ; cette
responsabilité ne pourrait être que proportionnelle à
son action propre et personnelle dans sa formation, et
cette action propre d'un être qui n'existe pas encore
étant nécessairement nulle, la responsabilité est
nulle, mais ici il y a une distinction importante à
faire.

L'homme est né pour vivre en société, c'est l'histoire
même de l'humanité. De même qu'il y a eu, dès le
commencement, des luttes d'homme à homme, de groupe
à groupe, comme le prouvent ces ossements de l'époque
préhistorique où l'on retrouve même l'arme restée
dans la blessure, il a fallu des chefs pour coordonner
les forces et les actes de chacun des individus et des
groupes, pour en obtenir le plus grand effet possible;
de là toute une hiérarchie, et l'égalité primitive, subs-
tantielle a été détruite entre les individus pour le plus
grand bien de la communauté, par le consentement
même de chaque individu. Le but unique de cette hiérarchie était l'établissement et le maintien d'une règle éta-
blie, la discipline, dont chacun avait reconnu la nécessité.
Mais la discipline, par sa nature même, le danger passé
peut paraître insupportable à certaines natures, et nous
le voyons tous les jours. De là, tentatives pour la
rejeter, qui, si elles réussissaient auraient pour résultat
fatal de détruire la nation en rompant la cohésion qui
en est l'unique lien ; d'où l'intervention de ce que
nous pouvons dès lors appeler : *le gendarme* pour le
maintien de la société, c'est-à-dire l'action du pouvoir
hiérarchique chargé de maintenir la discipline, le pacte
sur lequel repose la nation.

D'un autre côté, il est clair que si des chefs avaient
été élus, c'est que l'ensemble de la nation leur avait
reconnu des aptitudes spéciales et que, conformément
à la nature humaine, ces élus n'avaient consenti à se
charger de la conduite de la nation qu'en échange de
rémunérations avantageuses pour tout le monde, puisqu'elles étaient consenties par tous, mais probablement
surtout pour eux, de sorte qu'en sauvegardant l'intérêt
général ils y trouvaient un bénéfice personnel.

L'homme qui veut se soustraire aux conventions
sociales se met en dehors de la société qui ne peut que

l'exclure ou le solliciter à rentrer dans la loi ; si, dans la révolte, l'individu a causé quelque dommage à la société, il en doit la réparation, et la société est dans son droit strict en l'exigeant et en cherchant à mettre cet individu, ou tout autre qui serait tenté de l'imiter, dans l'impossibilité de nuire; c'est là, à mon sens, toute la responsabilité sociale, ce qui exclut toute idée de peines ou de punitions proprement dites.

Mais, dira-t-on, toute votre morale se réduit à la crainte du gendarme, vous détruisez toute morale. Oh! entendons-nous et ne mettons pas des mots à la place des idées ; la morale, c'est-à-dire l'ensemble des règles à suivre pour faire le bien et éviter le mal, ne peut subsister, dites-vous, qu'appuyée sur la religion qui en est l'unique source ; soit ; mais ce n'est que la même chose sous un autre nom. La religion vous montre d'un côté des récompenses, le bonheur absolu, et de l'autre côté un être féroce qui s'emparera de l'homme et le fera brûler dans un feu qui ne s'éteindra jamais. Voilà un gendarme, je pense, et de la bonne façon; seulement là il n'y a pas amendement du coupable ni compensation du mal causé aux autres, il n'y a que punitions, souffrances stériles pour celui même qui les subit. D'un côté l'attrait d'une félicité infinie, de l'autre la crainte de supplices inimaginables, voilà la morale religieuse.

Des deux côtés, il y a donc le gendarme, l'un est bénin, l'autre féroce, l'un chargé de ramener sous la loi celui qui s'en écarte, l'autre s'acharnant à une mission de vengeance et de supplice ; le premier assure l'ordre, la paix, le libre développement de chacun, au milieu des autres, le second impose des souffrances de pure cruauté dont il ne peut sortir aucun bien.

Tous les hommes sont, au même titre, les créatures de Dieu, ils sont donc substantiellement et intrinsèquement égaux, d'où suit que chacun en cherchant son développement, doit, par cela même, supporter le développement des autres et même il doit aider à ce développement puisqu'il en résultera pour chacun le droit d'étendre son développement en proportion de celui des autres. Cette vérité, entrevue dès la plus haute antiquité, a été formulée par Confucius qui a donné pour précepte de faire pour les autres comme nous voudrions qu'il fut fait pour nous.

Ouvrons un livre qui a été écrit au moins six mille ans avant notre ère, et, par conséquent, bien antérieur à ce qui a été appelé *la révélation*, le livre des morts, des Egyptiens, nous y trouvons une doctrine qui renferme la loi morale de tous les temps. Ces peuples admettaient l'immortalité des âmes et leur classement dans la vie nouvelle où elles entraient, après être sorties de cette période de formation que nous appelons la vie terrestre; nous y lisons ces paroles de l'âme appelée à se justifier :

« Je n'ai pas rendu malheureux mes proches. — Je n'ai pas fait le mal. — Il n'y a pas eu par mon fait ni craintif, ni pauvre, ni souffrant, ni malheureux. — Je n'ai point fait avoir faim. — Je n'ai point fait pleurer. — Je n'ai point tué. — Je n'ai fait de mensonge à aucun homme. — Je n'ai point forniqué. — Je n'ai point exercé de pression sur le plateau de la balance, etc. » « Pour les Egyptiens, Dieu était un être unique, parfait, doué d'une science et d'une intelligence certaines, incompréhensible à ce point qu'on ne peut dire en quoi il est incompréhensible ; il est le *un unique*, celui qui existe par essence, le seul qui vive en substance, le seul générateur qui ne soit pas engendré, toujours égal, toujours immuable dans son immuable perfection, toujours présent au passé et à l'avenir, il remplit l'univers sans qu'aucune image puisse donner une faible image de son immensité, on le sent partout, on ne le saisit nulle part. »

Voilà l'idée première de la Divinité. Puis, avec le temps, la caste sacerdotale comprenant quel parti elle pouvait tirer de la complication et de l'obscurcissement de ces idées, distingua les attributs de Dieu à l'égal des facultés de l'homme, et ces distinctions furent symbolisées par les figures des animaux, selon la manière d'être de chaque espèce. C'était l'introduction de la superstition qui, sous la même influence, mais des formes différentes n'a cessé de croître, par cette raison que la superstition c'est la main mise complète, absolue sur l'homme.

On peut donc, en ceci aussi, dire qu'il n'y a rien de nouveau sous le soleil et que les générations actuelles vivent sur l'héritage accumulé de toutes les générations précédentes.

Enfin on a été jusqu'à affirmer que Dieu avait donné ses instructions par écrit et verbalement à certaines personnes qui devenaient ainsi ses mandataires vis-à-vis de l'espèce humaine. C'est ce qu'on appelle la révélation ; malheureusement elle a été tellement altérée que, même en l'admettant, on n'en connaît plus le vrai sens. Il faudrait en avoir la clé et, à en juger par les écrits qui sont censés l'expliquer et par les dissidences capitales auxquelles elle a donné et, donne encore lieu, cette clé n'est pas en la possession de l'homme.

C'est vrai, dira-t-on, et c'est pour cela que Dieu a établi son Eglise, à laquelle il a donné sa propre science, son infaillibilité afin d'éclairer tous les points obscurs. Il y aurait là-dessus beaucoup à dire surtout à cause de la déclaration que l'infaillibilité réside dans le souverain Pontife seul ; longtemps avant cette décla- ration, tous les évêques réunis en conciles sous la pré-

sidence du Pape, avaient repoussé la solution qui a
fini par être admise ; et à cette époque l'infaillibilité
appartenait aux conciles ainsi constitués ; de nos jours,
un certain nombre de Prélats qui participaient autant
que les autres aux lumières dites surnaturelles ont été
opposés à cette déclaration et ne s'y sont soumis que
par discipline. Voici, du reste, un exemple récent de
cette infaillibilité.

La classe ouvrière se trouve lésée par ceux qui lui
donnent du travail et se plaint de l'insuffisance des
salaires ; alors l'infaillibilité prononce que le *salaire
doit être adéquat au travail* ; la réponse à la question
posée se trouve la question elle-même : *l'adéquation
du salaire au travail.* Alors concert unanime de
louanges de toute nature sur cette solution qui n'est
que le problème lui-même ; il n'en faut pas davantage
pour que l'on acclame le vrai représentant de Dieu sur
la terre, le père des ouvriers, et qu'on reconnaisse là
une preuve de l'infaillibilité doctrinale décrétée. Notons
que l'infaillibilité du Pape *seul* est déclarée dogme par le
concile constitué conformément aux canons; il est donc
infaillible, c'est-à-dire que le concile est infaillible pour
déclarer qu'il ne l'est pas ; ce qui rappelle le fameux
raisonnement au sujet d'Isocrate, crétois.

Mais arrêtons-nous un instant à cette question des
salaires, l'ouvrier réclame, pour le moment, la limita-
tion à 8 heures de la journée de travail, sur lesquelles
il en prendra deux pour un repas, et il entend fixer un
minimum de salaire, pour lequel il pourra toujours
réclamer, à son heure, un supplément, ajoutez encore
que quelques-uns demandent que dans cette fixation
on tienne compte du nombre des enfants, de sorte que ce
n'est plus seulement le travail à l'atelier qu'il faut payer
mais en outre la fécondité du ménage. Certainement le
salaire doit permettre à l'ouvrier de remplir ses devoirs

au premier rang desquels se place celui de pourvoir
à tous les besoins de sa famille, descendants, conjoints
et ascendants, mais ce n'est pas à l'employeur qu'in-
combe cette charge ; il faut d'abord que pour un salaire
convenu, l'ouvrier fournisse une somme de travail
également convenue, et on peut y arriver par le travail
à la tâche pour lequel on connaît des moyennes justes
et convenables, toujours faciles à atteindre, c'est alors
le rôle de l'ouvrier digne de ce nom, de s'appliquer à
son travail et, soit par son assiduité, soit par son habi-
lité, de dépasser cette moyenne et d'augmenter par là
ses ressources, à moins qu'il ne préfère s'adonner à un
travail plus rémunérateur.

L'objection à ce système c'est la concurrence entre
les ouvriers; il est clair qu'il y a là une tendance fâcheuse
qui résulte du désir qu'a chacun de gagner, et si les
syndicats se bornaient à obvier à cette tendance, ce
serait une chose excellente, mais d'une arme défensive
on a fait une arme offensive en abusant de la confiance des ouvriers; on a flatté leurs passions et excité
les tendances les moins avouables pour acquérir sur
eux un empire aussi complet que possible.

On est parvenu à leur persuader qu'ils n'ont que des
droits en tout et sur tout. On leur a montré le nombre,
qu'ils sont tout et qu'ils n'ont qu'à vouloir. On a fomenté
des grèves dont le résultat fatal est de plonger dans
la misère beaucoup d'individus, dont certains, les
femmes et les enfants, n'en peuvent mais, sans aboutir
à un résultat utile quelconque, impossible en tout cas
à atteindre, car si l'ouvrier refuse le travail, l'employeur
a bien le droit aussi de faire grève et de refuser son
argent. Aussi les meneurs ne parlent de rien moins
que de spolier les employeurs ; ils se gardent bien de
dire que c'est là un vol, car la masse des ouvriers a le
cœur droit et honnête, et ils reculeraient, mais on les

enveloppe de sophismes contre lesquels ils sont impuissants à se défendre. Pourtant il y a des faits constatés, c'est que tandis que la masse des ouvriers se condamne aux privations d'abord et ensuite à la misère pour longtemps, eux et toute leur famille, tandis qu'ils allouent à quelques-uns des meneurs de bons appointements qui les font vivre bien à leur aise aux frais de ces pauvres diables, d'autres sont reconnus voler la caisse et on est obligé de les rayer des cadres du syndicat ; voilà les résultats les plus clairs des grèves et dont les ouvriers devraient tenir compte s'ils n'étaient aveuglés par la passion du moment.

. Et pourtant si on n'avait pas dévoyé cette masse de braves gens, on aurait pu, à moindres frais, arriver à des résultats pratiques et utiles, car en se mettant en grève l'ouvrier renonce à tout salaire ; il est vrai qu'il reçoit alors l'aumône de certains conseils municipaux qui, ne la faisant pas aux dépens personnels de leurs membres, montrent de la générosité, mais c'est se réduire à la mendicité, et si ces secours leur étaient distribués sous leur vrai nom, la plupart sentiraient se réveiller le sentiment de leur dignité d'hommes et refuseraient ce qui est le lot des infirmes incurables, de tous ceux, en un mot, qui ne peuvent absolument travailler.

. Qu'au lieu de se mettre en grève, ils continuent le travail et, au lieu de perdre tout salaire, qu'ils fassent un fonds commun du prélèvement de la moitié de ce salaire ; ils auront évidemment à s'imposer des privations, mais elles seront moindres et ils auront promptement constitué un capital à eux qui, s'il est confié à des hommes probes et intelligents, se convertira pour eux en usines où ils pourront être à la fois employeurs et employés.

Ainsi, des statisticiens ont évalué la perte de salaires

dans la grève de Carmaux, à plus de 400,000 francs, ç'a été une perte sèche ; si quelqu'un eût eu l'idée que je viens d'émettre, les ouvriers auraient eu plus de 200.000 francs à appliquer à leurs besoins, et autant pour commencer la réalisation de ce fameux desideratum: *l'usine à l'ouvrier*. Mais ce n'est pas le but des meneurs, et cela me ramène à ce que j'ai dit sur l'origine des aristocraties ; quelques ambitieux sans scrupules abusent de la confiance que la foule a en leurs mérites, pour la subjuguer et en faire l'instrument de leur ambition.

Et pourtant ils devraient avoir les yeux ouverts à la vérité, depuis le temps que les meneurs, en leur montrant pour but la satisfaction de leurs besoins, les ont laissés là une fois qu'eux-mêmes étaient arrivés à leurs fins.

On a été jusqu'à leur prêcher que le droit à la paresse est d'institution divine : mais, pauvres dupes ! essayez et vous verrez si les aliments et les vêtements viendront se ranger tout prêts à votre portée. Vous jugez l'essai superflu ; mais ce qu'ils vous promettent, n'est-ce pas l'équivalent ? En tout cas, le texte invoqué n'indique pas que ce soient les autres, mais la seule Providence qui doit vous fournir, et ne vous donne aucun motif pour vous ruer à la curée, au pillage.

Mais on vous dit que c'est l'enseignement de Dieu lui-même qui s'est fait homme pour apporter sur la terre cette doctrine. On vous trompe. Nous avons reconnu que Dieu est nécessairement une substance unique, en trois personnes, ce qui ne signifie pas trois individus indépendants les uns des autres ; l'unité de substance est aussi essentielle que la trinité de personnes, et une seule personne comprend toute la substance divine qui est *une* et ne saurait être divisée ; là où est une des personnes de la trinité est la trinité

tout entière, il ne faut pas perdre de vue cette condition sans laquelle Dieu n'existe plus. Eh bien ! la raison
ne répugne-t-elle pas à cette idée de Dieu s'engendrant
lui-même dans le sein d'une femme ? Car l'Eglise est
très explicite en ce point : *Sancti spiritus obumbra-
tione concepit* et immédiatement le souvenir se reporte
au tableau qui représente l'entrevue de Léda et du
cygne, ou l'image égyptienne qui représente Horus
pâmé sur le sein de sa mère Isis, dans laquelle il
s'engendre lui-même.

Pourquoi aller ramasser ces vieilles choses ? Pourquoi aussi avoir recours à une incarnation ? marchant
ainsi dans les traces du Bouddhisme qui, 250 ans avant
notre ère, en était déjà à la quatrième incarnation de
son Bouddha en la personne de Çakya-Mouni. Tout
cela n'est que du vieux neuf, et combien supérieure est
la conception de Dieu que nous avons retrouvée chez
les Egyptiens de l'antiquité !

Mais tout cela est la conséquence du péché originel !
Cette première erreur en a entraîné d'autres. Comment ! voilà un couple qui ignore le bien et le mal,
qui ne sait pas les discerner (nous ne le savons pas
bien nous-mêmes ; qu'est-ce que le bien ? qu'est-ce que
le mal ?), pour qui tous les actes sont donc indiffé-
rents ; l'un lui fait une défense, l'autre lui dit qu'il ne
doit pas en tenir compte ; que leur importe ! ils n'ont
pas le discernement. Ils satisfont le désir qu'a excité en
eux la défense, sans laquelle, d'après ce que nous
savons de la nature humaine, ils n'auraient probablement pas eu ce désir, et puis ce fruit tout nouveau pour
eux avait un aspect si séduisant. Celui qui avait fait la
défense revient de sa promenade, convainc le couple
d'avoir enfreint ses ordres. Certainement ils ont
consenti à satisfaire ce désir, mais il n'y a pas faute
de leur part ; puisqu'ils ne connaissent ni bien ni mal,

ils ne peuvent avoir eu l'intention de mal faire, ce sont des enfants au maillot.

Alors Dieu s'irrite, s'emporte et maudit toute sa création ; ces mots qui ne sont pas de moi me répugnent à écrire par l'idée qu'ils donnent de Dieu qui est immuable, qui a toute puissance sur tout, puisqu'il n'y a que Lui et qu'il a tout créé selon sa volonté ; il s'irrite contre son œuvre ! En la créant ne savait-il donc pas ce qu'il faisait ? Lui, à qui tout est présent, ne voit pas les conséquences de son acte, et il la maudit, c'est-à-dire qu'il se maudit lui-même; et pour tout réparer c'est lui-même qui sera la victime expiatoire vis-à-vis de lui-même !

On peut cependant, au milieu de ce chaos, essayer de démêler la genèse probable de toute cette légende, grâce aux progrès des sciences.

L'homme est sorti par le développement lent de la création et en passant par tous les états d'existence, depuis le protoplasma jusqu'à lui-même, d'une longue série de transformations dont je n'exposerai pas ici la doctrine connue. Il vivait sans souci dans la tranquillité absolue des contrées qu'il habitait, dans un milieu que peuvent nous représenter, à l'époque actuelle, les contrées où règne le bananier, là où l'homme n'a qu'à étendre la main pour trouver la large feuille dont il fait son vêtement, et l'abondance intarissable des fruits dont il fait sa nourriture, en même temps que l'arbre peut suffire à sa demeure. La race n'avait le souvenir d'aucun événement fâcheux; c'était le paradis terrestre, c'est la période que les géologues appellent quaternaire; tout à coup une autre période s'annonce, le sol est bouleversé, s'ébranle, s'entrouvre, il en sort des flammes; des torrents de feu et d'eau bouillante courent au milieu de tourbillons de fumées noires qui obscurcissent le ciel et qui, jointes aux bruits terrifiants

du tonnerre qui les accompagnent, jettent la perturba-
tion dans les esprits. Le cerveau de l'homme, qui s'est
perfectionné selon les lois posées dès le premier
moment par Dieu, reçoit de nouvelles et ineffaçables
impressions ou vibrations qui le modifient de telle
manière que les idées de bien et de mal prennent
naissance en lui. Dans sa terreur, il croit, en voyant
toutes ces convulsions de la nature, jusque là si béni-
gne pour lui, qu'elles sont dirigées contre lui, car c'est
là encore un caractère facile à reconnaitre dans l'enfant qui n'est que l'homme aux premiers temps de sa
formation, qu'il croit que tout a été créé en vue de
lui et qu'il est le centre auquel tout se rapporte. Ce
n'est que plus tard, par l'éducation, qu'il arrive à
reconnaitre que, tout au contraire, il est le produit du
milieu dans lequel il vit. La géologie a constaté que
l'apparition du pommier coïncide avec la fin de l'époque quaternaire et l'on conçoit que cette apparition
qui les a frappés comme une séduisante merveille, à
la fin de cet état de tranquillité dont on a gardé la
mémoire dans toutes les races humaines, ait imprimé
dans l'esprit de l'homme un souvenir dont il a formé
à la longue la légende du péché originel.

Le voilà donc tout spécialement maudit sur la terre
maudite, et le signe de sa malédiction c'est la mort et
le travail auxquels il est désormais assujetti. Là on a
reconnu qu'on avait fait fausse route ; que serait
l'homme sans le travail ? Considérez ceux qui, sous vos
yeux, s'en dispensent, et vous conclurez que le travail,
manuel ou intellectuel, est précisément le seul et
unique moyen de perfectionnement, le seul titre de
noblesse de l'homme. Alors on a dit : *Dieu s'est fait*
homme et ouvrier pour réhabiliter le travail ; il était
peut-être aussi simple de ne pas le déshonorer d'abord
en en faisant une peine afflictive et infamante.

De même que la paléontologie végétale a montré l'apparition du pommier au moment de la catastrophe qui a mis fin à l'époque quaternaire, la géologie a fait voir qu'à cette époque, et même bien antérieurement, la race humaine existait déjà, et si évidemment que certains prélats admettent l'existence possible d'une race préadamite; si donc, à l'époque d'Adam, il existait déjà une autre race d'hommes, les descendants de cette race ne sont pas descendants d'Adam et alors pourquoi les comprendre dans la malédiction qui pèse sur la race d'Adam? car tous les hommes sont sujets à la mort, sans exception, et n'arrivent que par le travail à se procurer tout le nécessaire.

Rejetons donc toutes ces fables qui n'ont été inventées que pour mieux asseoir et fortifier la puissance sacerdotale qui, une fois maîtresse de l'intelligence et directrice des sentiments des hommes, a mis tout en œuvre pour empêcher qu'ils ne lui échappassent par le progrès dans la vérité. Elle a imposé ses doctrines avec défense de les examiner, sous peine de la colère de Dieu dont elle dispose à son gré. Rejetons ces intermédiaires et adressons-nous directement à Dieu, il y a entre Lui et nous un lien, il est notre Créateur, c'est-à-dire que nous ne pouvons rien concevoir dans notre être qui ne soit de Lui et ce lien ne peut être rompu; nous venons de sa volonté, nous sommes par sa volonté sans que rien puisse faire qu'il en soit autrement. Nous sommes donc, à ce point de vue, tous égaux et tous également obligés vis-à-vis les uns des autres, puisque tous nous sommes attachés par un lien identique à Dieu qui est notre centre commun. Voilà la vraie fraternité humaine.

Si nous essayons de descendre en nous-mêmes, notre âme, notre moi sera à la fois subjectif et objectif, mais ici le subjectif ne peut pas avoir la perception et la connaissance identique de l'objectif, parce qu'à proprement parler celui-ci est insaisissable, au moins dans son ensemble, parce que, pour nous, le présent n'est que la limite entre le passé et l'avenir; notre moi, quoique personnel puisqu'il possède raison, intelligence et volonté, ne peut donc être trine et ne l'est pas.

Malgré ce manque de présent, nous reconnaissons l'identité permanente de notre moi qui n'est que le don d'être, d'exister, ce lien d'effet à cause qui nous relie à Dieu, et tous les hommes les uns aux autres, démontrant ainsi que leur rigoureuse égalité est la condition de leur existence; c'est donc pour nous le premier des devoirs que de respecter chez les autres cette égalité réciproque ; c'est là toute la vraie morale.

Morale toute utilitaire pourra-t-on objecter, et c'est juste, et nous dirons: le bien c'est tout ce qui est réellement utile à tous, le mal, ce qui leur est nuisible.

Ce sera là notre conclusion pour le moment.

Nous voici donc arrivés à une définition précise et claire, abordable à toutes les intelligences, du bien et du mal, et nous abandonnerons toutes ces définitions plus ou moins empreintes de mysticisme dont abonde la scolastique, et dès lors nos devoirs envers les hommes et envers nous-mêmes sont nettement tracés ; car il est évident que le jour où chacun agira pour l'utilité générale, il agira par cela même pour son utilité personnelle. Il est vrai que l'on semble laisser ainsi de côté ce que la scolastique appelle les devoirs envers Dieu, ce que nous allons chercher à élucider. Nous trouvons dans la bible cette loi d'adorer Dieu seul et de l'aimer, cela découle tout naturellement de la croyance que nous aurons que nous n'existons que par la volonté de Dieu et que nous sommes toujours

unis à lui par ce lien de causalité que rien ne peut
rompre, car nous nous sentons en quelque sorte faire
partie de Dieu comme étant l'expression d'une volition
de lui. Ce devoir sera rempli par cela même que
l'homme se fera une idée juste de Dieu, et d'autant
mieux que cette croyance au Créateur sera plus forte
et plus claire. Les autres préceptes du décalogue
rentrent dans la définition que nous avons admise, et
même celui-ci s'y rattache; car, adorer Dieu et l'aimer
comme créateur de tout ce qui existe, est une forme
de cette foi que tous les hommes sont, en tant
qu'hommes et par leur création, rigoureusement égaux,
et qu'il en résulte pour chacun le devoir de respecter
dans chacun des autres cette qualité d'homme, qui les
fait tous, intrinsèquement, égaux entr'eux.

Aucune idée n'a été plus faussée que celle de
l'égalité, et pourtant rien n'est plus simple. Il est
irréfutable que si, par exemple, on considère des substances quelconques, un kilogramme de l'une pèse
autant qu'un kilogramme d'une autre; toutes les substances, donc, au point de vue de la pesanteur, sont
entr'elles d'une égalité absolue, mais il n'en résulte
pas qu'un kilogramme de l'une soit l'équivalent d'un
kilogramme d'une autre à un autre point de vue;
outre leur nature comme matière pesante, elles en ont
une autre qui résulte de l'usage dont elles sont sus-
ceptibles et qui a conduit à un classement selon
l'utilité; de là des substances plus ou moins précieuses
d'après une appréciation qui dépend plus du jugement
de l'homme que de la nature elle-même des substances,
mais qui n'en est pas moins reconnue juste, quoiqu'éta-
blie arbitrairement, et acceptée par tout le monde. Il
n'y a pas besoin d'insister pour faire voir qu'il en est
de même des hommes; ils sont tous égaux au point de
vue de la nature humaine, qu'ils possèdent tous éga-

lement, mais il en est autrement au point de vue du rôle qu'ils peuvent jouer, de leur utilité dans la société, en un mot, de leurs aptitudes. Les uns ont le don de la musique, les autres celui de la peinture, d'autres les divers arts, les diverses sciences, ce qui établit un nombre considérable de catégories, dans chacune desquelles il résulte encore une diversité indéfinie, selon l'ampleur de ces dons et leurs diverses nuances; d'autres enfin n'ont que des dons physiques, force musculaire, habileté des doigts, etc., qui, associés à quelque nuance des dons intellectuels, vont former encore de nouvelles subdivisions dans le classement des hommes; et l'on conçoit aisément que chacune de ces individualités, réduite à elle-même, aurait une existence bien étroite, tandis que si tous ces dons, si divers, sont exercés en vue du bien commun, il en est bien autrement.

Dans les temps reculés, avant que l'homme eut compris la nécessité de l'association, chacun devait pourvoir à tous ses besoins, exercer tous les métiers, c'était nécessairement l'état sauvage, comme nous le voyons encore parmi les peuplades aborigènes de l'Amérique, où l'on ne trouve que des gens se livrant à la chasse, parce que chacun doit se procurer le nécessaire; il ne peut donc y avoir ni science, ni beaux-arts, rien de ce qui constitue la civilisation; de même chez les peuplades sauvages de l'Afrique; en dehors de cette fonction primordiale de produire tout ce qui lui est indispensable, il n'y a qu'un sentiment qui se fasse jour : l'ambition de commander. C'est un moyen d'augmenter ses jouissances, en diminuant ses propres fatigues; et commander, c'est déjà réunir en un seul faisceau les facultés de ceux qui obéissent; chez ces peuples, l'état de civilisation est en proportion de la division du travail, c'est ainsi que les uns ont le temps

de préparer avec soin des peaux destinées aux vête-
ménts, de les broder, de les orner, c'est un commencement de beaux-arts. Les uns fabriquent des outils et
des armes ou telles autres choses selon leurs facultés ;
c'est déjà un progrès, base d'un nouveau progrès qui
servira lui-même à aller plus loin encore, et ainsi de
suite, et qui résulte seulement de ceci que chacun
n'étant plus astreint à tout produire pour son usage
peut suivre ses goûts, il donne ce qu'il produit en
échange de ce que produisent les autres, selon une
valeur de convention ; chacun trouve une amélioration
personnelle à son sort dans celle qui se produit pour
tout le monde ; et le niveau général s'élève, les diffi-
cultés de la vie sont moins pénibles à surmonter, et le
bien-être, le bonheur général est augmenté. Plus tard,
lorsque le progrès est arrivé à un certain point, cet
état est encore amélioré par la plus grande facilité des
échanges qui n'atteint son plus haut point que par
l'introduction de la monnaie, qu'elle soit représentée
par des coquillages ou par des fragments de métaux ;
tout naturellement chaque producteur tend à augmenter la valeur relative de ses produits, et il finira par
s'établir un cours moyen des choses ; celui qui, dans
ces échanges, n'arrivera qu'à se procurer le nécessaire
n'aura pas la même ardeur que celui qui, toute dépense
faite, pourra encore se constituer une réserve de ce
qui est le moyen d'échange, qui pourra lui être utile
dans certains cas donnés, il deviendra riche et sa
richesse sera le produit de l'application de ses facultés,
elle sera ce qu'il y a de plus légitime ; et chacun devra
respecter cette accumulation individuelle de réserves,
parce que chacun peut arriver ainsi à un degré différent de richesse ; voilà donc la propriété constituée
tout naturellement et comme conséquence forcée de la
vie en société. Et cela est si vrai que, si vous établissez

comme règle que la propriété ne doit pas exister, du
même coup vous retombez dans la sauvagerie complète du début, puisque chacun n'a plus qu'à ravir, par
la violence, les choses dont il a besoin ; il ne s'agit
donc plus que de brigands s'arrachant mutuellement
ce qui leur convient ; dès lors, quel intérêt un individu
a-t-il à produire ce qui peut lui être enlevé à chaque
instant ? Il ne sera plus certain même du vêtement qui
le couvre, et même les matériaux qui lui serviraient à
les confectionner, ne fut-ce qu'une feuille de bananier,
peuvent lui être enlevés par le premier venu qui trouve
plus simple de s'en emparer que d'en aller cueillir,
c'est la guerre permanente entre les individus, c'est
son existence que chacun doit dérober à la connaissance des autres, de peur d'être leur victime ; plus de
tranquillité, plus de bien-être ; c'est l'existence des
bêtes féroces ; se défendre et attaquer, l'existence se
réduit à cela.

C'est l'évidence même, et on ne comprend pas que
de nos jours on en veuille venir à cet état ; si vous
touchez à la propriété, vous êtes entraîné à la supprimer radicalement ; lors même que vous ne supprime-
riez, par exemple, que la propriété industrielle, la plus
attaquée pour le moment, cela ne signifie pas que vous
allez détruire tous les établissements, les machines,
les outils, etc., qui constituent cette propriété, mais
seulement que vous entendez vous en emparer et vous
en approprier les produits et les bénéfices ; mais votre
possession ne sera que précaire, parce que ce que
vous vous serez procuré par la violence peut vous être
enlevé de la même manière, il n'y aura plus cette
sécurité du lendemain qui est la condition essentielle
de toute transaction ; la demande diminuera par cette
raison et aussi parce que ceux qui pourraient en
faire ne se sentant sûrs de rien, n'en feront pas ; la

production diminuera; les machines, les appareils indispensables à la généralité des travaux ne pourront être renouvelés; car la machine à vapeur, aussi bien que la machine à coudre sont des propriétés industrielles, pourquoi en produire s'il suffit d'aller s'emparer de celles qui existent. C'est donc partout la bataille, la lutte acharnée, où il ne s'agit que d'être le plus fort; la fabrication même des armes à feu étant devenue impossible, c'est la condition des bêtes fauves; il ne reste comme armes que les dents et les ongles, les pierres et les bâtons, puisqu'on ne fait plus de fer; l'agriculture elle-même est impossible, et la propriété agricole se trouve abolie; nous sommes revenus, non pas au sauvage, mais à cet animal hypothétique qu'on a nommé le *précurseur de l'homme* ou le *candidat à l'humanité*. Si c'est la propriété agricole que vous abolissez d'abord, les conséquences se produiront plus promptement encore; si l'on touche à la propriété, ce sera nécessairement toute propriété qui sera abolie en même temps; il y a toujours des individus qui voudraient toutes les jouissances, et qui par cela même sont rebelles à toute idée de travail; le jour où il faudra se battre pour conserver même les quelques glands que l'on réservait pour son repas, ne sera-ce pas là un travail aussi, dont le résultat sera aléatoire? car dans la lutte l'adresse supplée quelquefois avantageusement à la force.

Et ceux qui vous poussent à cela, croyez-vous que ce soit pour aller à vos côtés chauffer une locomotive ou puddler dans les usines à fer, ou remplir toute autre fonction également indispensable? Non, certes, mais ils comptent bien être les directeurs des ateliers où vous suerez à leur profit; ils ne savent même pas que pour remplir ces fonctions il faut avoir acquis une somme de connaissances, et travailler pour assurer la fabrica-

tion et l'écoulement des produits; c'est une pure
aberration, et c'est là la seule raison de penser que ces
idées finiront par être complètement rejetées.

Il y a évidemment beaucoup à réformer dans l'organisation sociale, mais ce n'est pas en revenant à l'état
préhistorique, où l'homme devait confectionner lui-
même tout ce qui lui était nécessaire comme vêtement,
engins de pêche et de chasse, etc., n'ayant pour tous
outils que des silex fragmentés de différentes façons,
que l'on arrive à l'amélioration immédiate que l'on
recherche; c'est l'homme lui-même qu'il faut réformer
dans ce qui constitue son essence, son moi, sa raison.

Nous avons vu que ce moi se forme dans chaque
individu par l'influence des vibrations extérieures sur
ce moi virtuel qui tend à se développer en lui, et nous
en avons conclu à la puissance de l'éducation; or il
est bien clair que, pour faire l'éducation de la raison,
il ne faut pas poser en principe que la raison ne peut
que se tromper et que nous devons avant tout la rejeter pour admettre ces fables dont on nourrit notre
enfance, sachant bien que le moi en gardera toujours
l'empreinte. Ce n'est pas en atrophiant la raison qu'on
la formera, c'est en la développant, et pour cela il n'y
a qu'une chose à faire, la nourrir de vérité et non de
ces sortes de contes de fée qu'on a l'habitude de
donner à l'enfance sous toutes les formes. Or, la vérité
se compose uniquement de faits bien constatés, et par
conséquent il faut d'abord supprimer cet enseignement
dit : histoire sainte, qui peut être très agréable au point
de vue poétique et littéraire, mais n'a pas d'autre
valeur que de montrer les premières titubations de
l'esprit humain dans le fantastique, et la remplacer
par la vraie origine des choses, telle que nous la
montre la science appuyée sur des faits indéniables.
Quoi de plus enfantin que le conte de ce serpent qui

vient tenter et persuader la femme ? Est-ce le même que plus tard Moïse fait imiter en airain et exposer à la vue de son peuple pour le guérir par la vue seule de cette œuvre d'art ? Voilà deux rôles bien différents ; il est vrai que l'un est un animal vivant, et l'autre une simple représentation métallique de cet animal ; ce n'en est pas moins frappant. Mais il y a tant de choses de ce genre qu'il faudrait un ouvrage spécial seulement pour les énumérer.

Si je me suis laissé aller à cette digression, c'est uniquement pour montrer que la morale était le fruit d'une raison saine ; il faut avant tout assurer la santé de cette raison et supprimer de son éducation toutes les billevesées qui, en altérant son développement, sont la cause première de l'infériorité de la morale dont on a empoisonné la source.

Est-ce pour l'éducation de la raison, ce miracle du sang de saint Janvier, à Naples, au moyen duquel on fanatise les gens quand on a besoin de mettre leurs passions en jeu ? Et ce miracle de Louise Latteau, dont les stigmates ont été maintenus comme article de foi pendant nombre d'années au bout desquelles on reconnut que ce n'avait été qu'une longue mystification ! Et cette nouvelle affaire d'exorcisme : une jeune fille honnête, née de parents honnêtes, a été baptisée, c'est-à-dire soustraite à Satan, et faite par là enfant de Dieu et de l'Eglise, elle s'est assimilé Dieu lui-même par la communion, elle a reçu Dieu tout spécialement encore par la confirmation, eh bien ! malgré cela, l'ennemi de Dieu, Satan, s'empare de cette enfant et pourtant, en sus de tous ces secours particuliers, la rédemption qui a détruit le pouvoir de Satan en lui écrasant la tête, à ce vieil ennemi de Dieu que Dieu s'est créé bénévolement, a été pour elle de nul effet. Elle est possédée ; l'évêque le vérifie et charge ou autorise

le curé de l'endroit à exorciser cette fille, c'est-à-dire
à la reprendre au démon. Il y a pour cela certaines
prières latines à réciter, et le pauvre prêtre, dans cette
simple récitation, fait des fautes de latin. Or le démon
tient beaucoup à être dépossédé de cette enfant, et
comme Dieu pourrait ne pas comprendre le sens des
prières ainsi estropiées, il fait la rectification par la
bouche de l'enfant et réussit ainsi à procurer à l'Eglise
la gloire de l'avoir expulsé. Il faut convenir que c'est
là un diable bon enfant ; mais d'où vient qu'après
avoir été réduit à l'impuissance absolue par la redemp-
tion et les sacrements, il peut encore se choisir une
proie, à son gré, dans l'espèce humaine ?. Tout cela
pour prouver la puissance de l'Eglise ? mais il en
résulte également l'impuissance de tout son arsenal.
Tôt ou tard on arrivera à reconnaître la supercherie et
la mauvaise foi de ceux qui ont mis cela en avant,
comme pour tant de faits analogues antérieurs ; on en
sera quitte pour une volte-face, comme pour l'évêque
Cauchon ; n'a-t-on pas déclaré dernièrement, au sujet
de cette pauvre Jeanne Darc qu'ils ont condamnée et
brûlée vive comme hérétique, relapse et ribaude et
qu'ils veulent maintenant mettre sur les autels, qu'il
ne fallait pas le considérer comme le représentant de
l'Eglise dans ce procès où il s'agissait de gagner
l'argent offert par les Anglais, qu'il était un évêque
révolté et retranché de l'Eglise ! Pourtant il est resté
évêque jusqu'à sa fin avec toutes les prérogatives
attachées à cette fonction qui ne lui avait pas été
retirée. Dès lors qui peut nous dire, parmi les évêques
actuels, s'il n'y a pas des révoltés, retranchés aussi de
l'Eglise.

Il serait cependant important qu'on sût à quoi s'en
tenir surtout à une époque où l'on dit hautement que
les fidèles doivent agir d'après les indications de leur

curé qui lui-même doit être intimement uni à son
évêque qui doit exécuter la consigne donnée par le
Pape, comme une montre dont le ressort est brisé et
qui marque l'heure selon que l'on pousse les aiguilles;
c'est identiquement l'image de l'homme qui a renoncé
à sa raison pour se mettre à la remorque de l'Eglise,
et c'est pour arriver à ce but, à cette domination
absolue qu'elle a toujours persécuté la raison dont
l'usage et le développement ne peuvent, selon elle,
avoir d'autre fin que notre malheur absolu et irrémé-
diable; pourtant c'est un don de Dieu, le seul qui nous
permette de juger du beau, du bien ou du vrai, et par
conséquent la partie la plus précieuse de notre être,
puisque par elle seule nous avons la notion de ces
trois choses qui sont sous trois noms différents l'attri-
but essentiel de Dieu. Nous ne pouvons concevoir la
raison que comme le sceau de Dieu dans notre être,
le point d'attache qui nous relie à Lui par le lien de
causalité, ce par quoi nous connaissons, nous aimons
et nous adorons Dieu. Mais ce n'est pas de cela qu'ils
ont souci: il s'agit d'augmenter la superstition, canal
par lequel l'argent leur arrive. Voyez plutôt: un jubilé
a eu lieu il y a quelques années, et les journaux de
la bonne presse, pour exalter la gloire de l'Eglise,
ont crié bien haut qu'il avait produit 42 millions en
espèces, sans compter des dons en objets d'orfèvrerie
d'or rehaussé de pierres précieuses pour une valeur à
peu près égale. On organise ensuite des pèlerinages
que l'Etat est amené à interdire; la carte de visite pour
l'introduction avait été relativement faible et la suite
ne pouvant plus arriver par là, il fut décidé, toujours
d'après la même presse, que les fidèles iraient à leurs
pèlerinages nationaux où ils déposeraient leurs
offrandes, qui de là seraient concentrées et expédiées
à Rome; il n'y avait donc rien de perdu; mais cette

même pressé a publié de fortes pertes faites en jouant
à la bourse, et un nouveau jubilé a été organisé au
sujet duquel on a dit entr'autres, toujours la bonne
presse: que l'ordre des Petites Sœurs des Pauvres
avait envoyé 300.000 francs et la société de Saint-
Vincent de Paul 100.000 francs. Pourtant on avait dit
que les Petites Sœurs des Pauvres, d'après leurs
statuts, ne peuvent rien posséder ni individuellement
ni comme ordre; quoi qu'il en soit, c'est 400.000 francs
versés en vue des pauvres, leur propriété, qui ont été
détournés de leur destination pour alimenter la cour
du Pape, cette noblesse parasite qui sert à relever le
luxe de ces exhibitions où le Pape, assis sur un trône
porté par les épaules de cette noblesse, s'offre à
l'adoration de ses fidèles. Et c'est là le triomphe des
destructeurs de la raison humaine, pour qui l'humanité
n'est en effet, selon leur manière de parler, qu'un
véritable troupeau.

Voilà où il faut lutter, et pour cela nul besoin de
violence. Il ne faut pas perdre de vue que, dans le
clergé, il y a des hommes de bonne foi qui, ne voyant
que l'enseignement moral, ont fait, font et feront beaucoup de bien autour d'eux, ceux-là ne sont pas à con-
fondre avec les ambitieux qui les ont réduits où ils en
sont et qui les traitent d'ailleurs en général avec hau-
teur et dureté, comme des êtres d'une catégorie très
inférieure; ils se dévouent volontiers pour ceux qu'ils
appellent leurs frères, les exemples n'en manquent pas;
ils sont réellement des frères et le seront jusqu'au bout.
La lutte ne peut donc pas être contre les personnes,
elle ne doit être que contre ces doctrines de superstition. La plupart des hommes, de ceux qui ont reçu ce
qu'on appelle l'instruction religieuse et les sacrements
de la prétendue vraie religion, passent facilement leur
vie sans penser à ces choses, obéissant à leur honnê-

tcté naturelle et à leur conception propre du bien, sans
se soucier autrement que par quelques paroles banales,
à l'occasion, de toutes ces choses, ils n'hésitent pas à
livrer inconsciemment leurs enfants à l'église qui ne les
lâchera plus, en les portant au baptême auquel on peut
reprocher entr'autres cet inconvénient qu'en mettant
de sa propre salive sur les lèvres de l'enfant, le prêtre
peut lui inoculer les virus dont il est lui-même parfois
infesté, soit par suite de ses actes, soit par hérédité.
Après avoir vécu sans tenir compte des prescriptions
réglementaires de l'Eglise, ils se souviennent d'elle à
leurs derniers moments et mus tant par le respect
humain que par leur absence de convictions, se recon-
naissent siens et par cet acte de sujétion lui donnent
le droit de proclamer son règne sur les âmes, tandis
qu'il ne faut le plus souvent y voir que l'effet de ce
sentiment qui fait dire à l'auteur de l'histoire de la
sardine du port de Marseille : *et pourtant si c'était vrai!*
qui n'est qu'un brevet d'imbécillité.

Il ne faut donc voir dans ces soumissions in extremis,
le plus souvent que des marques de pusillanimité.
On ne connaît plus Dieu ; on ne voit que l'Eglise avec
ses menaces et son gendarme Satan ; l'on a peur au lieu
d'avoir confiance et l'on contribue ainsi à la perpétuité
de cet état d'obscurité et d'erreur dans lequel on veut
maintenir la *catholicité*. Mais rien n'arrêtera le progrès ;
le passé est un garant de l'avenir. Au moyen-âge, la
domination du clergé était absolue, il brûlait les
gens et confisquait les biens ; cette tyrannie, sortie peu
à peu de la puissance usurpée et accumulée de la
théocratie, a été entamée assez sérieusement pour que
l'on puisse espérer que ses brèches ne feront que
s'agrandir et que la raison humaine, émancipée à la
suite de ses propres efforts et fortifiée par ce travail,
atteindra ces régions sereines où, à l'abri de ces cupi-

dités et de ce parasitisme, elle se trouvera en face de
Dieu, ne verra plus que Lui, force créatrice toute
puissante, auteur de tout ce qui existe et en particulier
de l'humanité, et tirera de cette notion vraie de Dieu
cette conclusion que l'humanité n'étant qu'une même
famille, la loi de notre existence sur cette terre est de
réaliser cette vie de famille. Alors, la raison débarrassée
de l'erreur, illuminée par les splendeurs ineffables de
la vérité, connaîtra véritablement Dieu, l'aimera et le
servira, sans fétiches, sans intermédiaires, et l'homme
ne sera plus tenté d'invoquer cette autorité prétendue
infaillible, cette sagesse indéfectible qui aspire ouver-
tement à la domination universelle et qui, pour assurer
ses prétentions, a des titres comme celui-ci : Les
Espagnols et les Portugais, dans leurs guerres pour
s'approprier l'Amérique, se rencontrent les armes à la
main, et pour ménager le sang si précieux des enfants
de l'Église, sollicitent l'arbitrage de Rome qui prononce
que tous les pays situés à l'Est d'un méridien donné
appartiendront aux uns et tous ceux situés à l'ouest
seront la propriété des autres; quant aux habitants
originaires, propriétaires légitimes, incontestables, de
ces contrées, il n'est tenu aucun compte ni de leurs
droits, ni même de leur existence, et nous les voyons
livrés au pillage, à l'incendie, au massacre, au viol, à
toutes les atrocités d'un brigandage effréné. C'est la
tradition biblique, et Jehovah lui-même n'a pas su
trouver autre chose au sujet des habitants de la terre
de Chanaan et de son peuple.

Nous sommes arrivés à cette conclusion que toute
l'espèce humaine doit former une même famille,
et que les hommes ont pour devoir de tendre tous leurs
efforts à atteindre ce but; cette loi se dégage de l'étude
de l'antiquité, et nous pouvons étudier la marche suivie
par nos ancêtres en examinant les sauvages de l'Amé-

rique du nord, auxquels ils ont été pareils. Nous ne
pourrons douter de cette similitude quand nous aurons
vu, sur les peintures murales de Thèbes, en Egypte, le
portrait d'un Européen datant d'environ mille ans avant
l'époque que la bible fixe pour la création du monde ;
un manteau fait d'une peau de bœuf couverte de brode-
ries enveloppe vaguement son corps couvert de tatoua-
ges ; ses cheveux sont nattés d'une manière bizarre
et entremêlés de plumes ; c'est identiquement, sauf
peut-être la couleur de l'épiderme, un peau rouge ;
si l'on ajoute à cela que, d'après les découvertes de la
préhistoire, on ne peut nier que le cannibalisme était
pratiqué par eux, où est la différence ? Nos ancêtres
en étaient donc, il y a environ six mille ans, au point
où en étaient les habitants de l'Amérique il y a tout au
plus un siècle ou deux ; nous pouvons donc étudier chez
eux ce que nous avons été nous-mêmes ; mais déjà, chez
eux, la famille est constituée et nous les voyons subor-
donnant cette constitution à une hypothèse en opposition évidente, en thèse générale, avec la vérité. En effet,
nous sommes autorisés à admettre que, dans le principe,
c'est la femme qui a été le pivot de la famille, ce système a été appelé le matriarcat ; il devait être le
premier, car ce qui frappe d'abord, c'est qu'en effet la
mère est le seul auteur certain de l'enfant. Ce matriarcat était donc le système véritablement rationnel ;
aussi les quelques documents relatifs à ses époques
lointaines nous enseignent-ils que c'était la mère de
famille qui possédait, qui héritait et de qui l'on héritait ;
les charges diverses de la famille lui incombaient, et
les plus proches parents mâles de chacun étaient ses
oncles maternels dont l'héritage leur revenait ; à ce
système vrai, les événements ont substitué la fiction du
père de famille qui s'est maintenue et a prévalu dans
la marche de l'humanité. Ce système encore en hon-

neur chez certaines peuplades de l'Afrique, en sup-
primant la paternité, empêchait le développement de
l'affection du père pour ses enfants qui même ne pouvait prendre naissance à cause de l'incertitude, et ne
faisait que nuire au progrès de la civilisation dont l'amour
paternel est un des facteurs principaux ; en outre, il
avait pour conséquence toute naturelle la polygamie et
la polyandrie, qui excluent ces sentiments de tendresse
et d'estime, du moins en grande partie, qui contribuent
tant à polir et à adoucir les mœurs ; certainement il
pouvait y avoir des affections, mais bien inférieures, et
il y avait probablement plus de sentiments de rivalité
d'où devaient sortir des querelles et des luttes, contri-
buant encore à retar ler la civilisation, et puis ces
luttes ont nécessairement abouti au triomphe de l'un
des compétiteurs qui est resté maître de la place, en
posant ainsi la base de l'union de deux êtres, excluant
du même coup la polygamie et la polyandrie, cela ne s'est
pas fait sans diminuer l'importance sociale de la femme,
qui, du même coup, s'est trouvée sous la dépendance de
celui qui avait conquis le droit d'avoir seul accès auprès
d'elle, la règle est donc devenue l'union ferme et stable,
plus ou moins, d'un couple.

Il ne faudrait pas conclure que cette règle soit devenue absolue ; en théorie, oui, mais en pratique, si la
polyandrie et la polygamie ont perdu leur existence, je
dirai légale, ostensible, elles en ont une clandestine,
que personne ne niera, et en vue de laquelle le législateur a accumulé les prescriptions légales, sans reculer
même devant l'injustice ; on en sera convaincu si l'on
veut bien lire les discussions du Conseil d'Etat qui ont
précédé la promulgation des lois relatives aux enfants
dits naturels, par exemple, et quelques articles relatifs
au mariage. Ainsi l'enfant naturel n'a pas les mêmes
droits, de la part de sa mère, que l'enfant dit légitime,

qui assez souvent ne l'est pas, et pourtant il a pour
auteur certain sa mère ; en admettant qu'il y ait eu faute
de la part de celle-ci, en quoi son enfant est-il coupable
pour que la punition retombe sur lui ? Il y a là évidemment une injustice, d'autant plus que lorsque cet enfant
dont on a diminué le droit naturel sera devenu un homme, il sera astreint comme les autres au devoir plus
ou moins conventionnel du service militaire, et bien
qu'il ait été lésé dans ses droits pécuniaires, il
devra payer les impôts comme les autres, quoiqu'il ait
eu plus de peine à se faire sa place au soleil que beaucoup d'autres qui ne sont pas plus légitimes que lui.
La loi en assujétissant la femme à la fidélité envers son
mari sans édicter la réciproque, a voulu mettre un frein
à la polyandrie, tout en laissant subsister la polygamie
au profit de l'homme, ne voyant pas que cette dernière
est nécessairement corrélative à la première qui en est
la conséquence, non pas forcée, mais toute naturelle.
S'il en était autrement, pourquoi laisserait-on la jeune
fille séduite sans aucun recours contre celui qui a été
au moins son complice; il y a des pays où on a intro-
duit des dispositions légales établissant ce recours ;
les choses en vont-elles plus mal ? non, mais c'est plus
gênant pour ces messieurs : ainsi, en Angleterre, qu'un
voyageur, dans un hôtel, s'avise de sortir de la réserve
vis-à-vis d'une domestique, une plainte de celle-ci suffit
pour que la tentative soit réprimée. En France, au contraire, la femme est abandonnée à ses propres forces, et
cela d'autant plus inhumainement que, naturellement
douée d'une force musculaire inférieure généralement
à celle de l'homme, d'où l'inutilité de la défense, elle
est constituée de telle manière qu'elle peut toujours
être victime de la brutalité de l'homme, tandis que pour
lui il ne saurait en être de même, puisqu'il est nécessaire au moins qu'il éprouve le désir.

Il y a donc dans cette fiction de la paternité légitime une source d'injustice qui découle de cette première que l'homme, abusant de sa force, a bien voulu
supprimer la polyandrie qui le blessait dans son amour
propre, et laisser subsister la polygamie où il se flattait
de trouver quelques plaisirs ; il n'a vu que lui et la
satisfaction de ses désirs ; et il ne lui est pas encore venu
à l'esprit que ce qu'il fait chez un voisin, un autre voisin le fait chez lui, de sorte que tout le résultat obtenu
se réduit à ceci que bien souvent il n'est que le geai
paré des plumes du paon. C'est un piètre avantage, si
toutefois on peut dire que c'en soit un ; il est pourtant
assez facile de concevoir que l'on pouvait conserver la
base vraie, la certitude de l'auteur, pour l'établissement
des droits des enfants, mais alors la femme n'aurait plus
été la subordonnée légale de l'homme, sa propriété, à
laquelle il applique cette définition de la loi : le droit
d'user et d'abuser, comme on en voit tant d'exemples.

L'ancienne Sorbonne scolastique, après avoir nié
que la femme eût une âme, a disparu avant d'être
arrivée à la solution de la discussion qu'elle avait
entreprise sur ce point, et la femme est restée, comme
une sorte d'animal à la discrétion de l'homme comme
l'a écrit l'apôtre : la femme a été créée pour l'homme
et non l'homme pour la femme ; ce qui ne saurait empêcher que si l'on examine les choses en toute sincérité
on sera forcé de reconnaître que souvent, je dirai
même : le plus souvent, l'homme doit son mérite à
l'influence de la femme. Il est évident que là il faut se
borner à invoquer la sincérité de chacun, sans chercher
à donner des exemples ; il est déjà bien hardi de poser
cet aphorisme, dont les faits se chargeront de montrer
la solidité le jour où l'homme, qui sent bien les points
de son infériorité et qui est retenu par là, aura abattu

les barrières dont il a entouré le développement intellectuel et par conséquent le développement moral de
la femme. Car ces deux développements sont fonction
l'un de l'autre comme le démontre surabondamment
l'histoire de l'humanité.

Les grands esprits de nos Prudhommes se cabrent à
l'idée de ce qu'ils ont appelé l'émancipation de la
femme ; pour eux ce serait le cataclysme le plus épou-
vantable, auquel rien ne pourrait survivre, pour eux ce
mot d'émancipation ne représente qu'une idée : la
débauche sans frein ; que voulez-vous? leur pensée ne
sort pas de là ; ils sont obsédés de cette idée, elle est
leur préoccupation, je ne veux pas dire habituelle, mais
fréquente, évidemment. Le vrai rôle de la femme,
selon eux, est l'éducation des enfants; très bien, mais
regardez autour de vous. Est-ce là l'ordre ordinaire des
choses? si nous examinons les classes les plus aisées,
où la femme est affranchie d'une foule de soins maté-
riels, la voyons-nous se consacrer à ses enfants? il y
en a, certainement, mais beaucoup ne voient qu'un but
dans la vie : plaire et chercher le plaisir, ce qu'on appelle
le monde ; on met ses enfants, quand on se résigne à
en avoir, d'abord en nourrice jusqu'à l'âge où la gouver-
nante peut intervenir, ou la pension ; puis on les marie,
et les voilà à leur tour pères ou mères de famille, sans
savoir ce que c'est que la famille. Ce rôle effacé et tout
superficiel de la femme lui est imposé précisément par
la position que lui a faite l'homme dans le monde. Elle
n'est que le prétexte de l'étalage de sa fortune et de
son luxe, encore, assez souvent, une seule ne lui suffit-
elle pas ; et ces défenseurs de la famille, de la morale,
etc., jettent à tous les vents leurs fortunes et leurs soins,
introduisant le désordre, et détruisant la morale dans
les familles des autres, et ce qui se passe dans la classe
la plus en vue, que toutes les autres cherchent à imiter,

arrive ainsi à altérer sinon détruire ce principe de la famille. Il n'en serait certainement pas ainsi si la femme était mieux protégée par la loi qui n'aurait pas à lui faire une situation privilégiée, mais seulement à la proclamer égale en droit à l'homme.

Si la famille proprement dite est ainsi méconnue, faut-il s'étonner qu'il en soit de même dans la grande famille de l'humanité ? C'est de là qu'est née cette passion de jouissance contre le développement de laquelle ne cessent de s'élever les esprits qui n'ont pas perdu toute notion de justice et de vérité. Nous voilà loin de cette règle que nous avons reconnue pour résumer toute la morale tant particulière que générale : respecter dans autrui tout ce que nous sentons en nous qui doit être respecté par les autres ; il est vrai que, malheureusement, beaucoup ne sentent plus grand chose de respectable en eux ; le mal vient de l'éducation ; le moi s'est formé dans des circonstances malsaines, et son développement a été vicié ; il faut donc mettre en œuvre toutes les ressources possibles pour revenir à un meilleur état de choses, mais c'est une œuvre de longue haleine, car ce n'est qu'avec le temps que l'on peut modifier les mœurs. A mon avis, tout le mal actuel, et j'ai essayé de le montrer, découle de l'injustice commise par l'homme en s'attribuant la suprématie sur la femme ; il faudrait donc réparer cette injustice en rendant à la femme son véritable rang qui est l'égalité avec l'homme, et qui ne lui a été ravi que par la force. Saint Augustin, dans sa cité de Dieu, raconte qu'à l'époque où la ville qui depuis s'est appelée Athènes fut édifiée, deux rivaux se disputaient l'honneur de lui donner leur nom : Minerve et Neptune ; les femmes, qui avaient droit de vote dans les choses publiques, donnèrent la victoire à Minerve, et Neptune irrité, pour se venger de sa défaite, suivant la tradition

des dieux, déchaîna sur le pays les fureurs de la mer;
d'où il résulta que les hommes enlevèrent aux femmes
le droit de suffrage; voilà donc un fait qui établirait
l'antique égalité des deux sexes et une usurpation de
l'un sur l'autre.

Depuis, les choses n'ont fait que s'aggraver; aujour-
d'hui, les femmes, même les plus recommandables à
tous égards, sans aucune exception, ne comptent en rien
aux yeux de la loi, tandis que l'homme, même le plus
abject, et il y en a qui en cela dépassent toute mesure,
vient peser par son vote, dans les affaires les plus im-
portantes; il ne faut donc pas s'étonner si, obligée à
se soumettre d'un côté, elle a cherché à dominer d'un
autre; et puisque l'homme avait abusé de sa force musculaire pour conquérir la domination, elle a dû chercher, dans les avantages attachés à sa personne, les
moyens de s'emparer de son maître et à gouverner
par d'autres moyens; de là, ce développement clandes-
tin de la polygamie, en vertu duquel nous voyons
certaines artistes de la danse réaliser cinq millions d'éco-
nomie sur leurs appointements, et se faire épouser par
un homme appartenant à ce que l'on appelle la classe
noble, ainsi qu'un récent procès l'a révélé au public.

C'est qu'en effet le mariage n'est le plus souvent
qu'une association d'intérêts préparée par les familles des
futurs sans aucun égard à leur valeur intrinsèque; il
arrive donc fort souvent qu'une incompatibilité complète
se révèle après et que chacun des conjoints cherche des
compensations à la situation dans laquelle il s'est laissé
fourvoyer; le législateur, croyant apporter un remède,
et agissant dans cette croyance que le mariage est un
lien indissoluble parce que le clergé s'en est emparé par
ses cérémonies et ses bénédictions, afin de ne pas
laisser échapper un moyen de plus d'étendre sa main-
mise sur l'homme, édicta la séparation d'abord, et plus

tard reconnaissant que cette séparation ne remédiait à
rien, puisqu'elle laissait subsister le mariage qui fait de
la femme la chose de l'homme, admit le divorce qui,
en déclarant tout lien rompu, rend à chacun sa pleine
et entière liberté. Ç'a été un progrès, certainement,
mais l'Eglise, qui n'admet pas que l'on puisse trouver
de limites à son autorité, s'est élevée de tout son pouvoir contre cette loi, qu'elle appelle scélérate, et qu'elle
ne cesse de combattre. Cependant le divorce est d'institution divine, ou il ne faut compter la bible pour rien ;
car Dieu, par la bouche de l'auteur de la bible, établit le
divorce qu'il abolit lui-même par la bouche du Christ,
se démentant une fois de plus, à en croire les livres
saints, ce qui montre le cas que l'on doit faire de leurs
assertions, et puis si elle repousse le divorce, comme
elle comprend très bien qu'en certains cas, le mariage
doit être annulé, elle a trouvé un biais ; le mariage est
indissoluble, une fois contracté ; mais l'église a la res-
source de décider qu'il n'y a pas eu mariage ; deux
jeunes gens se marient contre le gré de leurs
familles qui interviennent auprès de l'autorité religieuse
qui décide que le mariage est nul ; qu'il n'y a pas eu
mariage, même lorsqu'il y a eu cohabitation, et qu'il
est survenu des enfants, de sorte que la femme n'a été
qu'une concubine temporaire, et les enfants sont illé-
gitimes ; il est vrai que chacun des ex-conjoints peut
se marier de son côté ; le divorce, qui reconnaît qu'il
y a eu mariage, laisse aux moins à la femme la qualité
de femme légitime, tombée dans une sorte de veuvage ;
et il en est de même des enfants qui ne sont stigma-
tisés en aucune façon ; est-il nécessaire de demander
lequel des deux systèmes est le plus moral ? De plus,
cette procédure de l'église indique que pour elle le but
du mariage n'est pas la continuation de l'espèce, mais
une simple association d'intérêts et de plaisir, car elle

en est venue à réglementer les mystères de l'alcôve; et
elle indique à ses fidèles certaines époques de l'année
où l'on devra s'abstenir d'user du mariage; ils se sanc-.
tifient en se privant de ce qui est le but et l'essence du
mariage, mais qui disparaît aux yeux de l'Eglise
devant la sensation qui y est attachée. Rien ne doit
échapper à sa juridiction, et l'on voit chaque année les
évêques s'occuper gravement de ce que l'on devra
manger; l'usage du beurre et des œufs, du poisson et
de la graisse les préoccupe sérieusement, ce n'est
qu'après en avoir conféré avec Dieu lui-même, sous la
forme du Saint-Esprit, qu'ils prennent une décision si
importante, se risquent à la promulguer. Voilà jusqu'où
est arrivée leur domination; ils en concluent avec raison
que rien ne peut les empêcher de la rendre générale et
absolue, puisque la pusillanimité, la crédulité, l'imbécillité de l'homme leur paraissent sans limites.

La famille proprement dite, comme la grande famille
humaine, repose donc sur le mariage considéré dans
son essence : la continuation de l'espèce, mais elle a
encore une autre base non moins importante, nous en
voyons la démonstration chaque jour. On se plaint de
ce que les unions légitimes deviennent de plus en plus
rares, et l'on peut résumer les raisons que l'on en
donne en celle-ci : que personne ne se soucie d'une
perspective de privations; ce qui revient à dire que
chacun reconnaît qu'il faut avoir par devers soi des
réserves dont chacun reste juge. Or il n'y a qu'un
moyen de permettre ces réserves, c'est l'institution de
la propriété; ce n'est que par elle que l'on peut avoir
une quasi certitude d'être à l'abri des privations, à la
condition que cette réserve puisse toujours être dispo-
nible et échangeable contre les choses dont on a besoin,
ce qui appelle nécessairement l'admission du capital,
de la monnaie. Il est clair que, par exemple, un cordon-

nier qui aura besoin de pain pourra aller chez le boulanger lui porter du produit de son travail en échange de ceux du boulanger, mais il est clair aussi qu'à un moment donné le boulanger sera pourvu de chaussures et n'en voudra plus recevoir, de même dans tous les autres métiers et industries ; il est donc beaucoup plus simple de créer un objet qui servira de commune mesure entre tous les autres, c'est-à-dire que chaque objet aura une valeur représentée par une quantité donnée de cette commune mesure qui sera le moyen d'échange, de sorte que les chaussures du cordonnier étant remplacées entre ses mains par cette commune mesure, elle lui servira à se procurer tous les autres produits dont il peut avoir besoin et qui ont été évalués relativement à cette commune mesure ; de cette façon tous les produits deviennent également interchangeables et la vie se trouve singulièrement simplifiée ; mais cela suppose d'abord le droit de propriété, car s'il n'existe pas, je n'ai qu'à aller prendre où je les trouve toutes les choses dont j'ai besoin, sans aucune compensation, puisque personne n'a de droit sur les objets qu'il peut détenir, en un mot il n'y a plus de voleurs, tout le monde a les mêmes droits sur toutes choses.

Voilà donc chacun, par son industrie, c'est-à-dire par l'emploi de ses qualités intellectuelles et physiques, arrivant à accumuler une certaine quantité de monnaie; il sait subvenir dans sa dépense à ses justes besoins, et sacrifier ses fantaisies ; cette quantité de monnaie s'accroît entre ses mains, et devient ce qu'on appelle un capital. A côté de lui, d'autres, au lieu de suivre cette ligne de conduite, et perdant de vue que la monnaie a pour but d'assurer à chacun le moyen de se créer une réserve, la dépensent à tort et à travers pour satisfaire leurs fantaisies ou se procurer des plaisirs; il reste donc toujours au même point, sans se constituer de réserve,

bien heureux quand il ne dépasse pas sa production
possible, et ne tombe pas dans les dettes. Car il pourra
souvent obtenir les choses nécessaires en promettant
un paiement ultérieur; c'est une question de confiance,
et, s'il est honnête, il arrivera à tenir ses engagements,
surtout s'il comprend que la première chose à faire est
de régler sa dépense sur sa production; d'autres feront
une invention quelconque dont ils ne pourront tirer
parti qu'au moyen de sommes qui dépassent leurs
réserves ; ils vont donc chercher à convaincre ceux qui
ont pu accumuler quelques capitaux de la bonté de leur
invention et des avantages ou bénéfices qui pourront
en résulter, et alors ou bien un certain nombre de ces
capitalistes se réuniront pour former la somme nécessaire, et voilà l'origine des Sociétés commerciales ou
civiles, ou bien un seul se chargera de fournir le capital,
moyennant certains avantages, et voilà la banque née;
on le voit, tout s'enchaîne, la propriété et le capital
qui n'est qu'une de ses formes découlent naturellement de la vie en société qui est la vie normale de
l'humanité.

Mais alors d'où vient ce malaise social qui s'accuse
si violemment ? La réponse est très simple et résulte
d'un examen facile. Nous avons vu que la création de
cette commune mesure qui est la monnaie a créé la facilité
des échanges et en est le pivot; or, sa valeur est tout
à fait arbitraire, comme celle de toute unité ; il suffit
donc que ceux qui détiennent le capital, qui ont converti
leurs réserves en capital, exagèrent la valeur conven-
tionnelle de cette unité pour que celle des objets
produits par l'industrie perde de la sienne dans
la proportion de cette exagération, d'où il résulte nécessairement que le producteur ne tirant plus la même
somme de ses produits, devient d'autant plus pauvre, et
les petits industriels en arrivent à vivre au milieu des

privations ; la vie leur devient difficile, quelquefois
même impossible, et l'on a des exemples de suicide de
toute une famille ; certes il est juste que le capital, qui
représente en somme du travail accumulé, sous forme
des produits de ce travail, soit estimé précisément en
raison de cette quantité de travail, et dès lors sa valeur
relative sera dans une exacte proportion avec la valeur
d'un travail quelconque ; mais si vous exagérez cette
valeur, il en résulte que vous dépréciez le travail actuel
en exagérant la valeur de celui qui a été accumulé, ce
qui est une injustice, et j'en arrive à cette conclusion
que la crise ouvrière, on peut dire plutôt industrielle,
n'a pas d'autre cause que cette injustice d'évaluer le
travail accumulé beaucoup au-dessus du travail actuel;
d'un autre côté, l'ouvrier, excité par les inquiétudes de
la situation, tend à exagérer la valeur du travail actuel
et contribue ainsi à augmenter encore la différence
d'équilibre entre ces deux sortes de travail, de sorte
que la situation empire ; il est presqu'excusable par le
désir qui le presse de se constituer une réserve; mais,
s'il était guidé par la raison il comprendrait que le prin-
cipal moyen d'arriver au but qu'il se propose serait de
supprimer les dépenses inutiles ; d'autre part, le déten-
teur du capital devrait se souvenir que sa réserve est
le produit d'un travail, et qu'il ne doit pas perdre de
vue que ce sont deux natures de travail, du travail sous
deux formes différentes, qui se trouvent en présence ou,
en d'autres termes, que ceux qui ont accumulé cette
réserve l'ont acquise aussi par le travail, et être rappelés
ainsi au principe d'égalité dont nous avons parlé.

Là encore nous sommes ramenés à la nécessité du
développement de la raison, d'où sortira la vraie morale, car c'est elle seule qui peut donner à l'homme
assez bonne opinion de lui-même pour qu'il ne veuille
devoir qu'à lui-même les ressources pour le temps où

il ne pourra plus travailler, aidé de ceux qui, sortis de lui, auront été élevés par lui selon les règles de la raison, et comprendront que la justice veut qu'ils rendent à leur auteur dans la débilité de sa vieillesse ce qu'ils ont reçu de lui dans la débilité de leur enfance : tout ce qui est nécessaire à l'entretien de la vie.

Faire dépendre le bien de l'humanité du règne de la raison peut paraitre ajourner ce règne à une époque indéfiniment éloignée, si l'on en juge par quelques faits actuels parmi lesquels il faut rappeler, comme un des plus caractéristiques, cette affaire d'exorcisme dont il a été question plus haut. Ajoutons-y encore ceci : un petit journal d'une petite ville qui a été autrefois le siège d'un parlement et d'une Cour des Comptes rappelait, il y a fort peu de temps, qu'à une époque peu reculée, le chef du diocèse ordonna des prières pour obtenir la pluie nécessaire aux cultures ; le parlement décida de se rejoindre à la procession qui devait avoir lieu et se rendit à l'église désignée comme point de départ ; la Cour des Comptes fit opposition, et ne voulut pas s'y joindre ; les archers s'en mêlèrent, il y eut un certain tumulte qui mit fin à la pluie qui commençait à tomber, et qui ne recommença que lorsque la procession pût se faire, voilà pour une sécheresse passée ; pour la sécheresse actuelle, le chef du diocèse ordonna des prières qui devaient continuer jusqu'à ce que la pluit tombât; or, il était bien évident qu'un jour ou l'autre elle finirait par tomber, même sans prières ; le même journal publie, huit jours après, les lignes suivantes: « La pluie si désirée est enfin venue mercredi et jeudi dernier apporter le bienfait qu'on en attendait, nos champs altérés ont pu aussitôt reprendre un peu de vigueur et cela d'une manière très heureuse ; car cette pluie abondante n'a entraîné après elle aucun de ces désordres partiels qu'amènent parfois les orages. *On voit par là combien ont été efficaces les prières ordonnées dans toutes les paroisses.* » Eh bien ! et les autres Diocèses dans lesquels des prières ont été ordonnées également, et dont les uns ont été dévastés par la grêle et des trombes d'eau, les autres restant affligés de la même sécheresse que devant! Les prières ont-elles été de moins bonne qualité? ou bien est-ce la continuation de ce système d'arbitraire qui a fait préférer Abel à Caïn, sans autre motif que le caprice du moment? Faut-il désespérer de la raison humaine? non certes ; chaque époque est le produit de toutes les époques précé-dentes, et ce principe s'applique également à la nôtre ; notre génération est fille de la révolution, c'est très vrai ; mais il y a autre chose, et il ne faut pas oublier qu'avant elle, et pendant sept ou huit siècles, l'église, dominatrice du peuple et des souverains, les a façonnés à sa guise, et que nécessairement l'état actuel dépend, en très grande partie, de ce long travail ; les supersti-tions que je viens de rappeler et qui sont si vivaces dans un grand nombre d'esprits en sont une preuve irréfu-table ; il faut d'autant plus les déplorer qu'en introduisant dans l'esprit humain l'élément superstitieux, elle y a ouvert la porte aux superstitions de tous les genres, aux-quelles on peut donner le nom d'utopies quand il sagit de sujets non religieux, et dont l'un des fruits les plus amers sont les utopies sociales. On a tenté de diminuer ce mal par des conférences dans les églises, mais cette tentative n'a amené aucun bon résultat, et il ne pouvait en être autrement ; car, avant tout, il faudrait ramener les esprits au calme afin qu'ils puissent examiner ; que voudrez-vous dire aux ouvriers ? par exemple, qu'ils sont trop exigeants, après que, dans une cérémonie de bénédiction de leur ouvrage, vous leur avez dit et répété qu'on leur doit tout ; si c'est vrai, il n'y a qu'à s'exécuter et à payer intégralement, la justice est toute de leur côté, et comme il y a longtemps qu'ils attendent, ils sont excusables d'être à bout de patience ; mais si ce n'est vrai qu'approximativement, s'il y a exagération pour le mouvement oratoire, il suffit, c'est faux et condamnable.

Il n'y a qu'une voie ouverte : l'enseignement de la vérité ; substituons-la à l'erreur partout où nous rencontrons celle-ci, établissons cet enseignement sur la base inébranlable d'une connaissance aussi vraie que possible de Dieu, souverain auteur de toutes choses ; disons bien haut qu'après avoir amené son œuvre à l'état actuel il n'a pas eu besoin de se reposer et que la création a toujours continué depuis, préparant une nouvelle époque qui apparaîtra à son moment sans qu'il y ait besoin pour cela qu'après avoir tout approuvé en détail, il trouve ensuite tout mauvais au point de se mettre en colère et de maudire ce qu'il a fait de sa propre volonté, et comme il l'a voulu ; que la terre, comme le soleil, la lune, et toutes les étoiles, est un astre qui se meut dans le ciel selon les lois qui ont été posées à tous les corps célestes ; et ne doit pas être considérée, quoiqu'en puisse dire l'ange de l'école, dont on a remis les doctrines en honneur, comme un vaste plateau recouvert d'une immense cloche de cristal, le firmament de la bible, la déesse Nout des anciens Egyptiens, qui soutient l'océan des eaux supérieures et peut s'ouvrir pour laisser choir sur la terre les cataractes du ciel, pour venger Dieu de ce qu'il n'a pas réussi, à son gré, ce qu'il voulait faire.

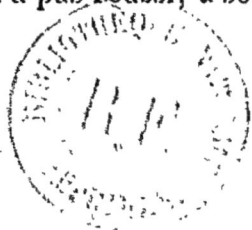

Imp. Théolier et Cⁱᵉ.

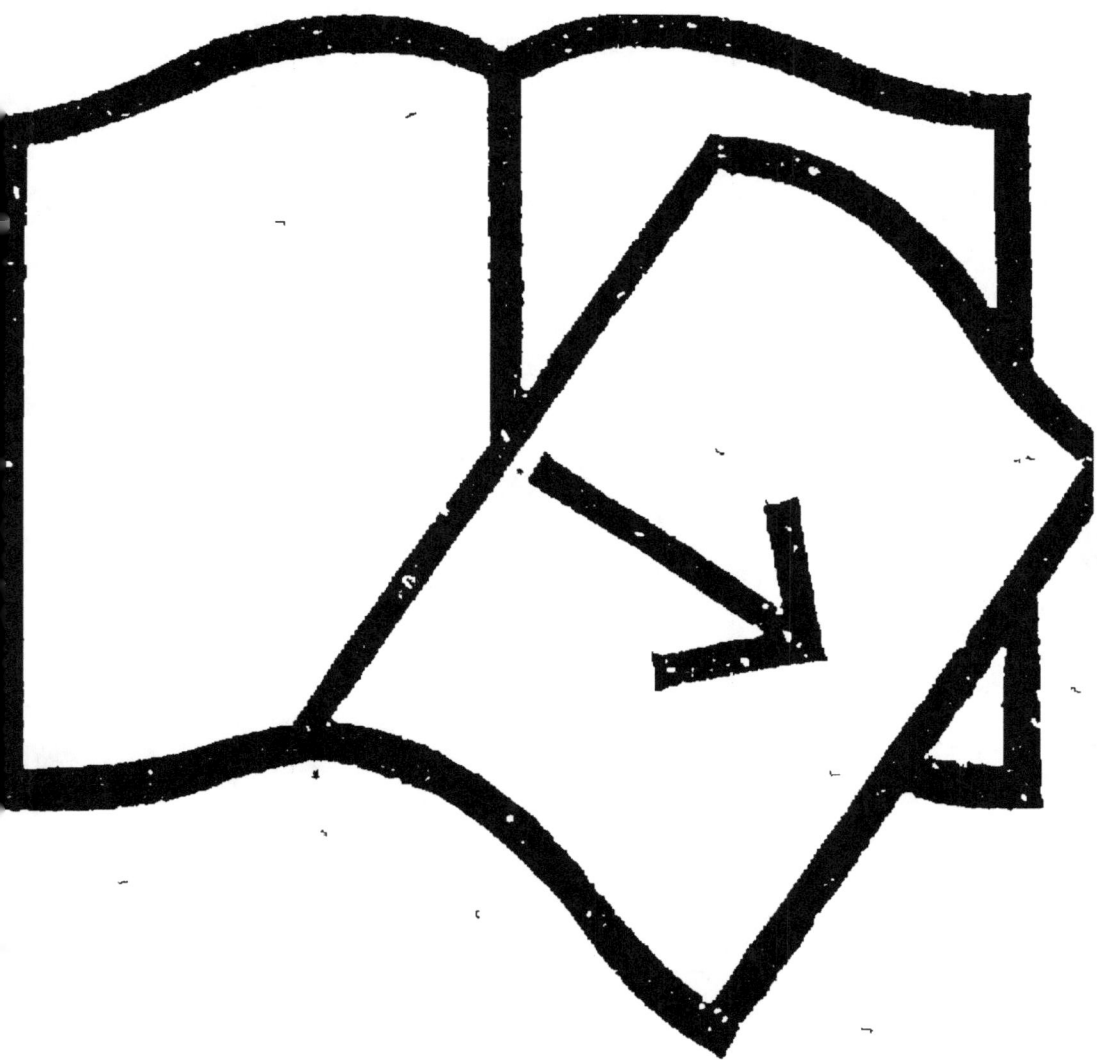

Documents manquants (pages, cahiers...)
NF Z 43-120-13

www.ingramcontent.com/pod-product-compliance
Lightning Source LLC
LaVergne TN
LVHW022016080426
835513LV00009B/759